ＪＲ京浜東北線沿線の不思議と謎

松本典久・編著
Norihisa Matsumoto

JIPPI Compact

実業之日本社

はじめに

埼玉、東京、神奈川の一都二県を縦断するように走る京浜東北線。

南は［大船］駅から出発し、［根岸］［桜木町］［横浜］を通り、［東京］駅までは東海道線に並行して走る。さらに、東北線に沿うように［上野］［赤羽］［浦和］を経て［大宮］駅に至る。全長は81・2キロ、駅数47もある路線である。

ひと口に京浜東北線といっているが、正しくは［大宮］～［横浜］駅間が京浜東北線、［横浜］～［大船］駅間は根岸線となっている。しかし列車は両線を直通するため、一般的には［大宮］～［大船］駅間をひとくくりに京浜東北線と呼ぶケースも多い。

全線を乗り通すと所要時間は約2時間かかる。しかし、多くは通勤あるいは通学で利用するケースがほとんどだ。埼玉県から東京都内へ、あるいは神奈川県から東京都内へという利用が一般的で、平均的な乗車時間は、長くても1時間くらいだろう。

通勤・通学での利用だけに、いくら毎日乗っているとはいっても、車窓を眺めたり、路線に思いを馳せたりすることもあまりなさそうだ。

全長八十数キロの路線の車窓には、さまざまな景色が繰り広げられている。また、毎日乗っている車両が、どんどん進化しているのである。安全運行のシステムも飛躍的に進歩している。

本書は、日常的に何気なく乗っている京浜東北線を、さまざまな斬り口から紹介していく。「路線（ルート）はどのようにして成立したのか」（第1章）、「1日に何本くらいの列車が走っているのか」（第2章）、「京浜東北線を走る列車にはどのような先進技術が使われているのか」（第3章）、「全47駅の情報」（第4章）などなど、これまで気づかなかったこと、気に留めなかったような情報を数多く収録した。

本書を読み、ふだん乗っている京浜東北線を改めて見つめていただき、再発見があれば幸いである。

平成30年8月

松本　典久

目次

第1章 京浜東北線「ルート」の謎

埼玉—東京—神奈川を縦断する

並行ルート、別ルート。

第2章 快速運転、直通運転。京浜東北線「運行」の謎

●本書で使用している駅名や鉄道用語の表記などについて

①駅名の表記については、地名との混同を避けるため、［ ］を用いています（例＝［品川］駅）。なお、適宜、「駅」は省いています。

②「京浜東北線」は正しくは「京浜東北線」と「根岸線」ですが、本書では、一般に使われることの多い「京浜東北線」を用い、必要に応じて「根岸線」も用いています。

③鉄道用語には独特な使用の決まりがありますが、本書では、できるだけわかりやすくするため、一般的な言葉にいいかえているものもあります。

④鉄道の利用者数については、ＪＲについては「乗車人員」（降車の数字を含まない）で表示しています。その他の鉄道のなかには「乗降人員」（乗車と降車の合計）で表示しているところもあり、ほぼ「乗車人員」の倍の数値ですので、比較する際にはご注意ください。原則として２０１７年度の１日あたりの数値で、それ以外については、その都度注記しています。

◉京浜東北線・根岸線　路線図

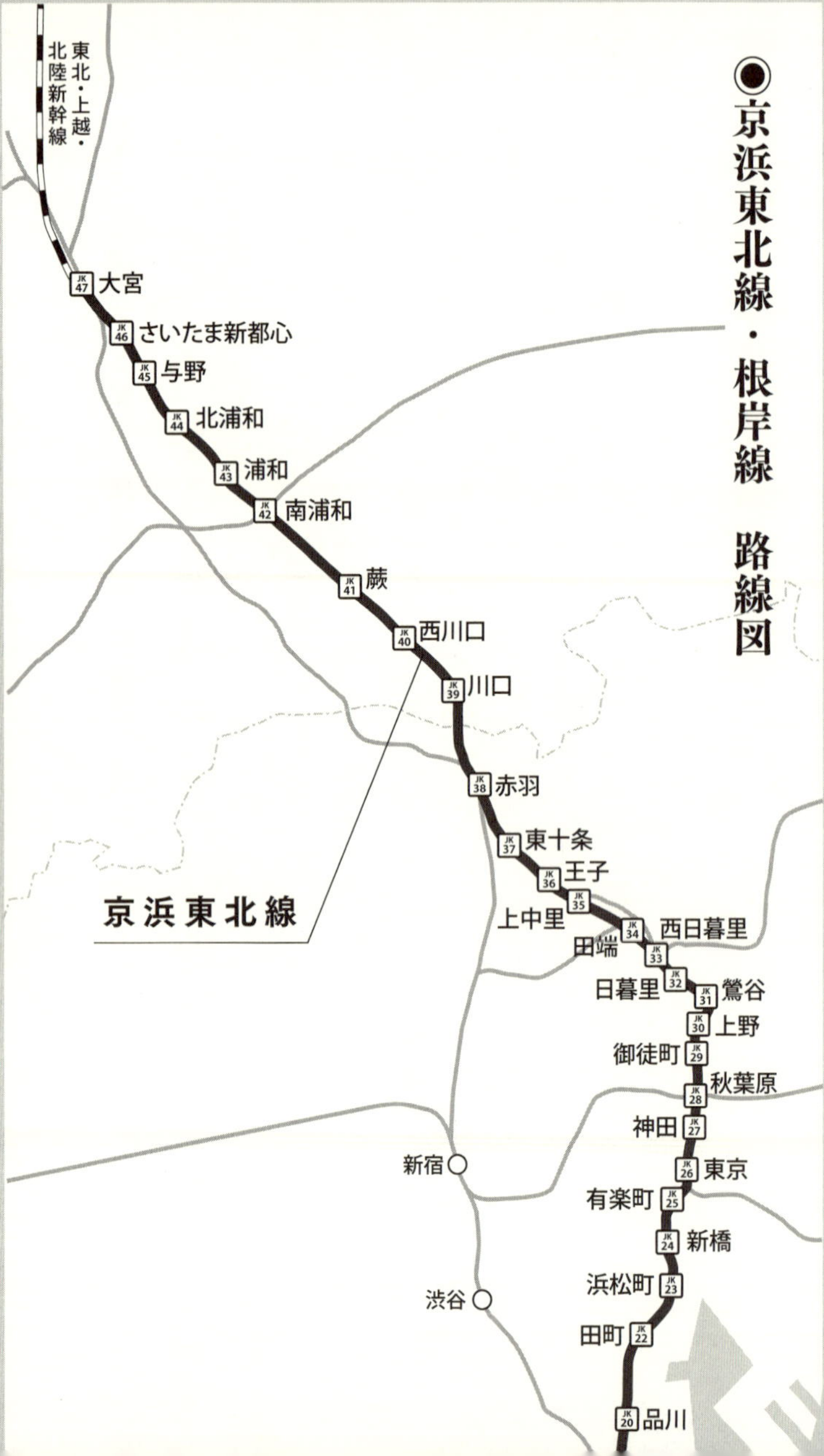

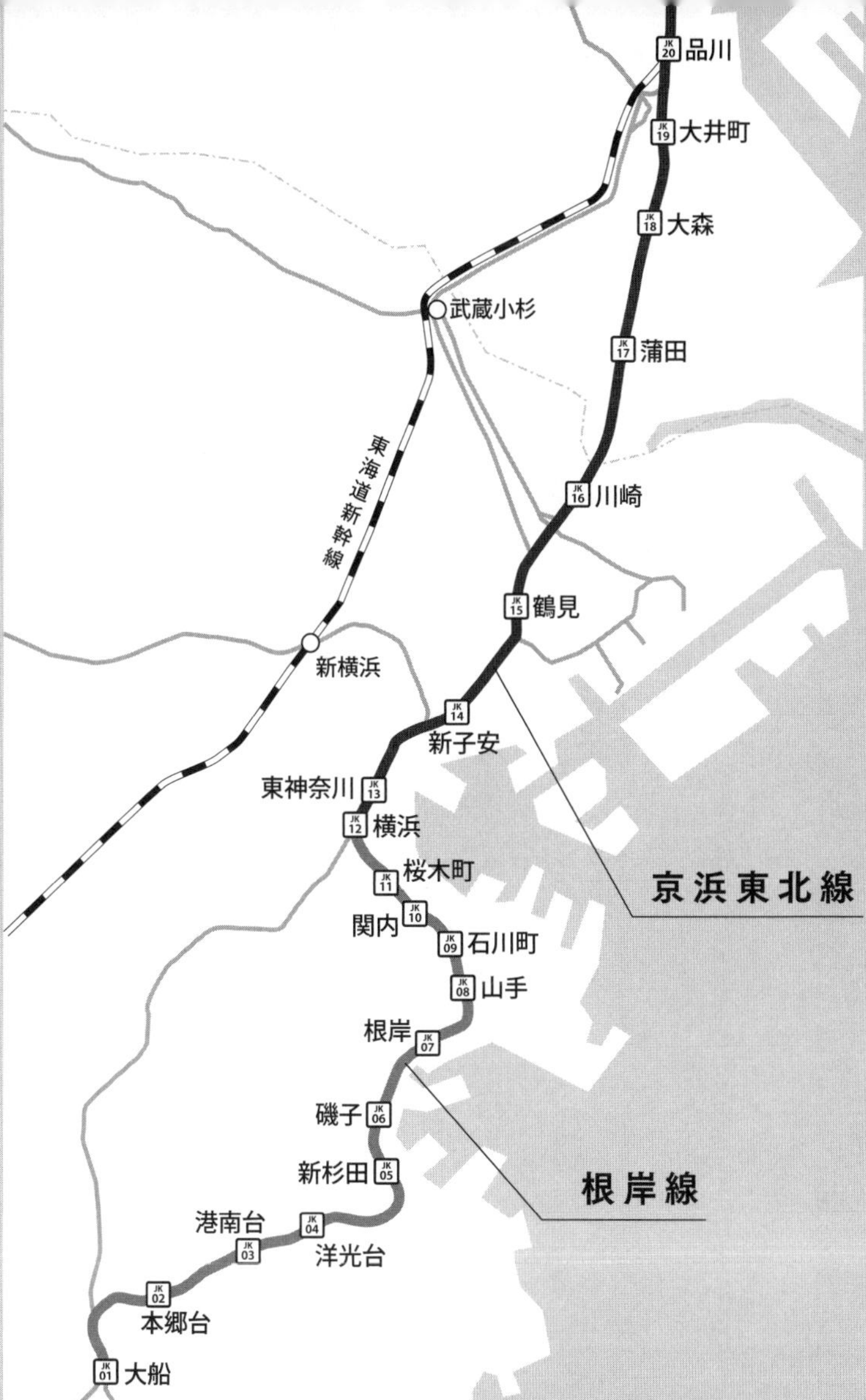

 京浜東北線・根岸線　路線図

◉京浜東北線・根岸線　略年譜

1914（大正3）年	東京駅～高島町駅間で東海道本線の「電車線」開通、京浜線として運行される
1915（大正4）年	横浜駅が移転し高島町駅が統合される。旧横浜駅は桜木町駅に改称。運行区間が桜木町駅まで延伸する
1928（昭和3）年	運行区間が赤羽駅まで延伸する
1932（昭和7）年	運行区間が大宮駅まで延伸する
1938（昭和13）年	戦時輸送へ移行する。京浜東北線は二等車が廃止される
1945（昭和20）年	蒲田電車区が空襲を受ける。そのため、蒸気機関車が列車を牽引する。横浜大空襲で東神奈川電車区が焼失する
1949（昭和24）年	「婦人子供専用車」が設定される
1951（昭和26）年	桜木町駅構内で列車火災事故が起こり死者106名に達する（桜木町事故）
1952（昭和27）年	二等車が復活する

1956(昭和31)年	田端駅〜田町駅間で山手線との分離運転を開始する
1957(昭和32)年	二等車が廃止される
1964(昭和39)年	根岸線の桜木町駅〜磯子駅間が開業し、直通運転を開始する。東海道本線の横浜駅〜桜木町駅間が根岸線に編入される
1965(昭和40)年	103系が導入される
1968(昭和43)年	東北本線大宮駅〜赤羽駅間の3複線が完成し、この区間の京浜東北線と東北本線が分離する
1970(昭和45)年	根岸線の磯子駅〜洋光台駅間が延伸開業する。新杉田駅、洋光台駅が開業する
1971(昭和46)年	旧型電車の運行が終了する
1973(昭和48)年	根岸線洋光台駅〜大船駅間が延伸開業する。港南台駅、本郷台駅が開業する
1974(昭和49)年	冷房車(103系)が導入される
1981(昭和56)年	大宮駅〜蒲田駅間で自動列車制御装置(ATC)の使用が始まる
1984(昭和59)年	蒲田駅〜大船駅間で自動列車制御装置(ATC)の使用が始まる

1988（昭和63）年	田端駅〜田町駅間で日中の快速運転が始まる
1989（平成元）年	205系が導入される（1996年運行終了）
1992（平成4）年	901系（のち209系に統合）が導入される
1993（平成5）年	209系の量産車の導入が始まる
1995（平成7）年	209系に6扉車が連結される
1998（平成10）年	東京圏輸送管理システム（ATOS）の使用が開始される
2002（平成14）年	浜松町駅に快速電車が停車するようになる
2007（平成19）年	E233系が導入される。209系運行終了
2009（平成21）年	全区間がデジタルATC方式となる
2010（平成22）年	女性専用車両が設定される
2015（平成27）年	神田駅及び御徒町駅（土曜・休日ダイヤのみ）に快速電車が停車するようになる

第1章

並行ルート、別ルート。
埼玉－東京－神奈川を縦断する

京浜東北線「ルート」の謎

京浜東北線はＪＲの正式な路線名称ではない

東海道線と東北線などを走る「鈍行」の電車

京浜東北線は、〔大船〕〔横浜〕〔品川〕〔東京〕〔上野〕〔大宮〕などのターミナル駅を結ぶ首都圏の大動脈である。

ＪＲの路線には、戸籍というべき「路線名称」がある。しかし、実は「京浜東北線」という路線名称はない。〔大船〕～〔横浜〕間は根岸線、〔横浜〕～〔東京〕間は東海道線、〔東京〕～〔大宮〕間は東北線である。「京浜東北線」とはあくまでも運転系統の呼称であり、〔横浜〕～〔東京〕間は東海道線の、〔東京〕～〔大宮〕間は東北線の、それぞれの並行する各駅停車の別称的な存在なのである。

「山手線」が、路線名称としては〔品川〕～〔新宿〕～〔田端〕間のみであり、環状運転している運転系統としては東北線の〔田端〕～〔東京〕間と東海道線の〔東京〕～〔品川〕間を合わせて呼称していることは有名だが、「京浜東北線」もこれと同じだと思えば理解しやすいかもしれない。

上野東京ラインと並んで走る京浜東北線

参考までに記すと、［大船］～［大宮］間の営業距離は81・2キロ。首都圏を周回運転している山手線の約2・4倍に匹敵する距離となっている。駅数は山手線の29駅（2020年度には30駅となる予定）に対して京浜東北線は46駅（2020年度には47駅となる予定）ある。

両駅間の所要時間は約2時間（日中の快速運転時は最短1時間53分）となっている。これは首都圏の通勤形電車で運転される列車として距離・時間ともに長く、その分、走っている車両も多くなっている。

ライバルの京急に対抗して命名したのか⁉

京浜東北線という呼びかたは、いつごろか

ら使われるようなったのだろうか。

この路線のルーツとなるのは、1914（大正3）年に始まる、［東京］～［高島町］（当時の横浜側にあった駅）間の電車運転だった。当初は「東京横浜間電車」（「東京・横浜間電車運転」とも）として案内されていた。

ほどなく、時刻表などでは「東海道本線（電車）」「東海道線（電車）」「京浜間電車」などの表記も始まった。わざわざ「電車」と書いたのは、当時は蒸気機関車が「客車」を牽く「列車」が当たり前、電車は黎明期で、路面電車や近距離の用途のものしかなかったのだ。東海道線で小田原などに行く列車が「電車」になったのは、ずっと遅く、戦後のことなのである。

やがて、「京浜線」とも呼ばれるようになる。この時代、京浜急行電鉄の前身である京浜電気鉄道が［品川］～［神奈川］間で電車運転を行なっており、利用者は紛らわしかったと思われる。

しかし、当時の官設鉄道東海道線にとって京浜電気鉄道はライバル関係にあり、あえて「京浜」の名前を冠したのかも知れない。もっとも「京浜」は一般的な名詞であり、目くじらを立ててもしかたない話だ。

「東北・京浜線」から「京浜東北線」までの道のり

京浜線の電車運転は、1928（昭和3）年に赤羽駅まで延伸する。［東京］～［田端］駅間は山手線の線路を走り、［田端］～［赤羽］駅間には電車用の線路を増設したのだ。これで当時は［桜木町］～［赤羽］間運転となったが、呼称はまだ「京浜線」のままだった。そして1932（昭和7）年に［大宮］駅まで延伸する。このときは、列車が走る東北線を電化して対処した（分離されるのは1968〈昭和43〉年）。

すると、時刻表などには「東北・京浜線」と記されるようになった。当時は、東北線への延伸をPRするためか、「東北」が前につけられている。内部資料では「京浜及び東北線」といった表記もあった。なお、車両掲示の標識には、「京浜東北線」も使われ出している。

現在の「京浜東北線」となるのは、［田町］～［田端］間で山手線と京浜東北線が分離された1956（昭和31）年からだといわれている。『日本国有鉄道百年史』には、この分離運転の説明のなかで「京浜東北線」という言葉が出てくる。しかし日本交通公社の『時刻表』は、「東北・京浜線」のままだった。そして、1960（昭和35）年5月号で「京浜・東北線」と逆転する。「・」が外され「京浜東北線」となるのは、1964（昭和39）年6月号からのことだった。

日本の鉄道では、列車の運行方向を「下り列車」「上り列車」でいい分けている。基本的に、起点側から出るのが「下り列車」、起点側に向かうのが「上り列車」である。京浜東北線の場合、本来は［東京］から［大宮］方面、［横浜］方面ともに「下り列車」となるべきだが、直通運転をしているため、運行する側にとっても、乗客にとっても紛らわしい。そこで、［大船］から［大宮］方向へ進む電車を「北行」、逆に［大船］方向の電車を「南行」と呼んで区別している。

ただし、旅客案内上は、原則として「大宮方面行」「大船方面行」などと表現されている。

東京と横浜を結ぶ路線として産声をあげた京浜東北線

［東京］駅開業とともに走り始めた京浜東北線だが……

既に述べたように、京浜東北線は1914（大正3）年から運転が始まっている。監督官庁や現業機関の体制は数次に渡って変化するが、いわゆる国鉄としての運行だった。

国鉄の電車運転は、国有化で国鉄に組み込まれた甲武《こうぶ》鉄道を嚆矢とする。同鉄道は19

◉横浜駅の位置の移り変わり

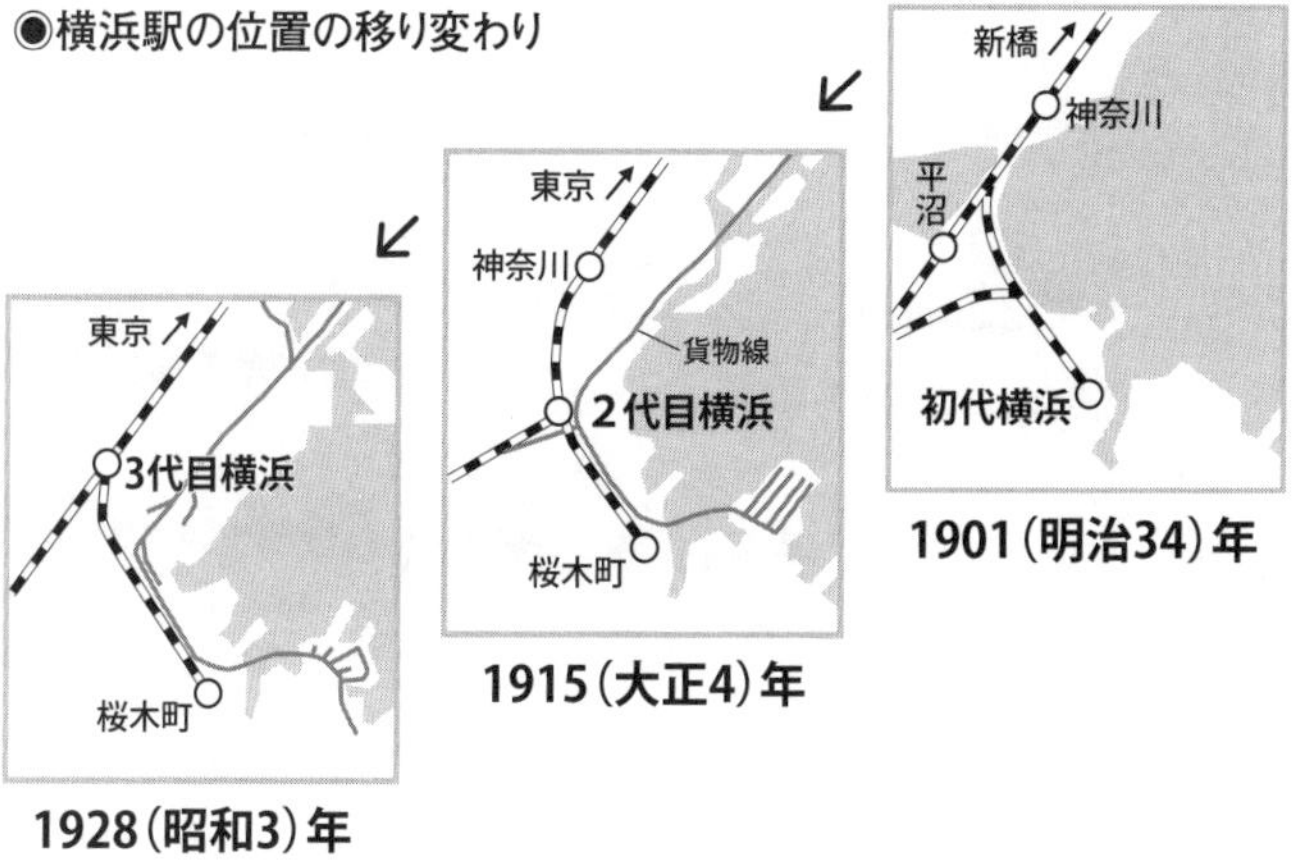

０４（明治37）年に現在の中央線となる「飯田町（飯田橋付近。現在は廃止）」〜「中野」間で電車運転を開始し、１９０６（明治39）年に国有化されている。国鉄でも独自に電車運転の区間を拡げていて、１９０９（明治42）年には山手線の前身となる区間の電車運転も始まった。

このころ、「東京」駅を新設する工事が始まっており、その開業に合わせて「東京」〜「横浜」間――「京浜線」の電車運転を開始する計画で準備が進められていた。当時の「横浜」駅は現在の位置とは異なり、「桜木町」駅の位置にあった。これは当初、横浜港への連絡などに配慮したものだったが、その後の東海道線延伸には不向きな位置で、さらに二度にわたって移転し、現在の位置に落ち着いている。この電車運転時の横浜側拠点は「高島町」駅（現廃止）を新設

1914（大正3）年の開業時の姿に復原された東京駅の全景

して対応することになった。
［東京］駅は1914（大正3）年12月20日に開業、その2日前の12月18日に落成式典も開催されている。既に電車は運行可能な状態になっており、式典に参加した議員一同の試乗が計画された。また、第一次大戦で青島攻略を指揮した神尾光臣陸軍中将の凱旋もあり、一行を新設の電車にて出迎え、式典に参列させる計画が立てられた。

惨憺たる状態で電車運転は延期されてしまう

まず、神尾中将一行は［横浜］駅（現［桜木町］駅）から汽車に乗り、［品川］駅へと到着。ここから電車に乗り換えて［東京］駅へと移動した。車両は新製されたデロハ61

30形という、国鉄の電車としてははじめての優等車両（二等）だった。

これは、［東京］～［横浜］間は賓客輸送の可能性が高いこと、さらに当時の電車としては長距離運転ということも考慮されて開発されたものだった。この電車は無事運行され、落成式典が予定通り開催された。

式典終了後、今度は議員一行や記者団を乗車させ、新設の［高島町］駅に向かって出発した。ところが最初の電車は子安跨線橋付近でパンタグラフが架線(電車用の電線)に引っかかって停止してしまう。さらに続行の電車も［大森］～［蒲田］間で同様の状態に陥り、運行できなくなってしまったのだ。

原因は、新設線路の軌道沈下及び架線の張り方不良だったとされている。軌道沈下は砂利の突き固めが充分ではなく、電車の重量を支え切れなかったようだ。また、架線の位置が悪く、線路のカーブ区間でパンタグラフが外れてしまったという。これは試運転によって判断できるものもあるが、それを怠っていたという話もある。

せっかくのPRイベントだったはずが、国鉄の大失態に終わってしまったのだ。

2日後の12月20日に運転を開始したが、「電車ニ関スル諸設備ノ形式構造実施ニ適ザルモノアリ」（『日本鉄道史』下篇）という状態が判明、12月26日から全面的な運休となった。結局、運行再開は翌年の5月10日からとなっている。

山手線と同じ線路を走っていた京浜東北線

〔田町〕～〔田端〕間は長く山手線と共用

現在の京浜東北線は、〔大船〕駅から〔大宮〕駅まで専用の線路を走っているが、かつては山手線と同じ線路を走っていた時代もある。

大正時代に「京浜線」として運転を開始した当時、〔東京〕～〔品川〕間の電化線路は複線分しかなく、それを現在の山手線と共用していたのである。

ただし、運転開始の翌年には〔田町〕～〔品川〕間で線路が増設され、この区間では分離されたが、〔東京〕～〔田町〕間は相変わらず同一の線路を走っていた。

この体制は〔東京〕駅から北側に運転区間が伸びたときも続いた。１９２５（大正14）年の山手線環状運転開始時、京浜線は〔田端〕駅まで足を延ばすようになっていたが、〔田町〕～〔田端〕間は同一の線路を使用した。

いまも両線はどちらの線路も走ることができる

この区間の分離が行なわれるのは戦後のことだ。戦後復興で急増する輸送需要に対応するためだった。

工事は1949（昭和24）年暮れから始まった。まず、［田町］～［東京］間は東海道線と横須賀線を分離する目的で戦時中から作業が進められていた線路施設を京浜東北線に転用し、複線線路を新設した。その後、［東京］～［田端］間にも着手、全体では11・7キロにわたる工事で、1956（昭和31）年に完成した。

京浜東北線と山手線の［田町］～［田端］間分離運転は、東海道線全線（神戸まで）電化を含む全国白紙ダイヤ改正が行われた同年11月19日から始まった。また、単に分離するだけでなく、最少運転間隔も詰め、大幅な輸送力アップとなったのである。

こうした経緯もあり、いまでも、京浜東北線と山手線は［田町］～［田端］間でどちらの線路も走れるような線形になっている。

この線形を活用して、大規模なリフレッシュ工事が行なわれたこともある。

ここでいうリフレッシュ工事とは線路施設の整備で、いわゆる保線工事だ。多くは営業運転時間外の夜間に行なわれるが、［田町］～［田端］間は京浜東北線と山手線を同一の線路で運行させ、一方の線路を使用停止として工事を行なうことも可能だ。

また、近年、各駅でホームドアの設置も進められているが、［田町］～［田端］間では

◉リフレッシュ工事

リフレッシュ工事の様子。京浜東北線と山手線の並行区間では両線を同一の線路で運行し、もう一方の線路の工事が行なわれた（取材撮影は1992年）

同一の線路を走る京浜東北線の電車（上）と山手線の電車（下）

京浜東北線ホームが現行の10両編成ではなく11両編成用になっている。これは山手線との共用を配慮し、山手線の11両編成に合わせてつくられているのだ。

日暮里〜王子間では東北線と泣き別れる京浜東北線

複雑な線路配置のなかでルートが決まってゆく

京浜東北線の計画当時、［東京］〜［横浜］間は東海道線、また［東京］〜［大宮］間は東北線の、それぞれの各駅停車用別線という発想も盛り込まれていた。こちらでは駅数も増やし、その利便性を高めようというものだった。こうした役割分担もあるため、［横浜］〜［大宮］間の大半は東海道線と東北線に並行して敷設されているが、［日暮里］〜［王子］間は東北線と京浜東北線が離れている。どうしてこのようなことになっているのだろうか？

東北線の［上野］〜［大宮］間は1883（明治16）年に日本鉄道として開通している。1906（明治39）年に日本鉄道は国有化され、国鉄の東北本線となった。ルートは現在の京浜東北線と同じく、［田端］経由だった。

日本鉄道は路線網の整備を進め、1896（明治29）年には常磐線の前身となる土浦線を開業させた。

このときの分岐駅は現在の［日暮里］駅ではなく、田端として駅を新設した。さらに山手線の前身となる豊島線も田端に通じさせ、［田端］駅を各方面に結ぶ拠点として整備していったのだ。

常磐線については、［上野］発着列車の場合、［田端］でスイッチバックしなければならず、ほどなく［日暮里］から分岐する現在のルートもつくられている。

東京北部の整備のなかで建設された京浜東北線

国有化後、［田端］駅の役割はさらに強化され、1917（大正6）年には貨車の仕分けを効率的に行なう操車場も完成した。ここには日本初のハンプ（構内に勾配を設け、貨車を自走させて仕分ける施設）も設置されている。

一方、旅客列車の整備作業などは［上野］駅で行なわれていたが、これが手狭になってきたため、［田端］駅東側の湿地帯に新たな車両基地をつくることになった。これは19

かつての貝塚操車場の跡地に設けられた尾久車両センター。敷地面積は約30万平方メートルに及ぶ

26(大正15)年に貝塚操車場として開設する。当初は上野側からしか入れなかったが、ほどなく王子側に抜ける線路も設けられ、東北本線のバイパス的な利用ができるように整備された。そして1929(昭和4)年6月に貝塚操車場を尾久客車操車場と改称、同時に東北本線の旅客列車を[尾久]経由で運転するように変更したのだ。これは、[田端]駅に集中する貨物列車をさばくため、線路容量(走れる列車の数)を増やす施策だった。

京浜東北線東京以北の延伸は、こうした東京北部鉄道施設の再整備のなかで行なわれていったのである。

1925(大正14)年の[田端]延伸時、京浜東北線は当初の東北線ルートでの運転が決まっていた。[東京]~[田端]間で山手線と線路を共用することで設備を有効活用する意味もあったが、4年後から東北線が走る「尾久」は湿地や水田地帯で大した利用者が見込めないという事情もあったと思われる。

さらに1928年（昭和3）年には「赤羽」まで延伸しているが、これは当時の東北線と並行する形で新設された。このときは京浜東北線の電車と東北線の列車は同じルートで走っていたが、1年後には「日暮里」～「王子」間で泣き別れとなってしまったのだ。

つまり、東北線の普通列車は、この改革まで「上野」「日暮里」「田端」「王子」「赤羽」……と停車していたが、「上野」「日暮里」「尾久」「赤羽」……となり、さらに大半の列車が「日暮里」を通過するようになった。

各駅停車の別線としての京浜東北線が整備されていくなかで、東北線は速達化をめざして変化していった。

乗り間違いを防ぐために導入されたラインカラー

最初のラインカラーは中央線のオレンジバーミリオン

京浜東北線のラインカラーは、スカイブルー（水色）となっている。現在は前頭部や側面の帯などにこの色をあしらった形にデザインされているが、かつてはスカイブルー一色で装った電車も運転されていた。

京浜線として走り始めたころ、国鉄の旅客車は「ぶどう色」と呼ばれるこげ茶の塗装が標準となっていた。これは蒸気機関車の煤煙を受けても汚れが目立たないといったことなどから制定されたもので、電車の塗色も基本的にこれが踏襲されて戦後まで続けられた。

先述のように京浜東北線は1956（昭和31）年まで［田町］～［田端］間で山手線と同じ線路を走っていた。終戦直後の一時期、乗り間違いを防ぐために山手線の電車が緑色に塗られたこともあった。ただし、京浜東北線はぶどう色のままだった。そしてほどなく、山手線の緑色もぶどう色に戻された。1950（昭和25）年に80系電車が開発され、湘南地方のイメージを盛り込んだオレンジとグリーンのツートンカラーの装いとなった。

このころから徐々に、多彩な塗色が使われるようになっていく。そして1957（昭和32）年には新性能通勤形電車の試作車として90系が誕生したが、車体はオレンジバーミリオン（橙色）という装いだった。この車両はのちに101系として量産化され、まずは中央線に投入された。量産車でもこの塗装は採用され、ここから中央線のイメージカラーがオレンジバーミリオンとして定着していった。

スカイブルー一色に塗られた101系。ラインカラーが導入されたのは101系からである

イメージカラーからラインカラーとして定着

中央線に続き、101系は山手線に投入されていくが、山手線ではカナリアイエロー(黄色)とされた。ただし、山手線の運転条件には101系が不向きと判断され、1963(昭和38)年から歯車比などを変更して山手線に最適化された103系が新たに開発されて投入されることになり、これはウグイス(黄緑色)とされ、カナリアイエローの101系は中央・総武線に回された。

こうして首都圏の通勤電車が色鮮やかな新しい電車に置き換えられていくなかで、京浜東北線は相変わらずぶどう色の旧型電車(72系など)が使われていた。

結局、京浜東北線の新型電車化が始まった

のは、山手線の１０３系化が一段落ついた１９６５（昭和40）年10月からとなった。

このとき、１０１系および１０３系は、オレンジバーミリオン（橙色）、カナリアイエロー（黄色）、ウグイス（黄緑色）と3色使用されており、新たにスカイブルー（水色）が採用された。これがこんにちに続く京浜東北線のイメージカラーとなった。

京浜東北線に投入されたスカイブルーの１０３系は、当初8両編成だった。この時代、8両から10両に増結するために駅設備などの改修も進められており、１９６６（昭和41）年4月から10両編成となった。

以後に増備される１０３系は当初から10両編成とされ、初期の8両編成も10両編成に組み替えられた。

京浜東北線への新型車両の導入は急ピッチで進められ、１９６７（昭和42）年には６５9両に達している。この時代、京浜東北線以外への１０３系導入は50両に満たず、同線の新型車両化を優先していた状況が見て取れる。

しかし、京浜東北線は運転区間が長いこともあり、当時の運用でも７００両以上の車両が必要だった。そのため、この時点でも旧型電車（72系）が残存していた。

１９７０（昭和45）年10月のダイヤ改正で各路線のスピードアップを実施し、運用車両の削減をはかった。これにより中央線などから１０１系30両が捻出され、塗色をスカイブルー（水色）に変えて京浜東北線に移籍。また、京浜東北線でもスピードアップによる運用削減が行なわれ、旧型電車の運用が減らされた。その後、さらに１０１系や１０３系が京浜東北線に投入され、翌年４月に京浜東北線の新型車両化（１０３系および１０１系化）が完了している。

こうして京浜東北線の電車は、すべてスカイブルー（水色）に統一されたのだ。なお、当初は車体色としての起用だったが、やがて路線案内などにも広く使うラインカラーとなっていった。

新生の国鉄は抜本的な近代化を次々と行なった

首都圏を中心にした「五方面作戦」の実施

１８７２（明治5）年の鉄道開業以来、日本の鉄道は国によって直接経営されてきたが、敗戦後の１９４９（昭和24）年には公共企業体の日本国有鉄道として改組された。この新たな国鉄は、三次にわたって長期計画を策定し、設備の近代化や輸送力増強をはかった。

なかでも1960（昭和40）年度から始まった第三次長期計画は、

●単なる設備投資計画に留まることなく、国鉄経営の長期安定をめざすもの

●国鉄の未来像として明確な目標と高い指向性をもつもの

といった視点から策定され、国鉄の施策として実施された第一次、第二次の長期計画とは異なり、国の施策として実施された。

特に重点課題とされたのは、「通勤輸送の改善」「幹線輸送力の改善」で、投資総額は2兆9720億円にのぼった。

通勤輸送の改善では首都圏および関西圏を対象に線路増設・駅改良・ホーム延長・車両基地の整備をはかり、さらに両地区を合わせて2000両を超える車両新製も行なわれた。首都圏の場合、①東海道・横須賀、②中央、③東北・高崎、④常磐、⑤総武と五方面の改善を中心に行なったため、「五方面作戦」と呼ばれることもあった。

大混雑していた［赤羽］～［大宮］間の分離改良事業

京浜東北線の新型車両電車化もこの第三次長期計画の一環だったが、京浜東北線では施設面も大きく更新されている。全体的に行なわれたのは8両編成から10両編成への増結

京浜東北線も並走する3複線区間。［蕨］駅付近（SHARU CC BY-SA 3.0）

だった。これは各駅のホーム延長などを実施することで、1966（昭和41）年4月に実現したが、これにより単純計算で輸送力は1・25倍にアップしている。

また、［赤羽］〜［大宮］間の東北線からの分離もこのときに行なわれたものだ。現在、この区間では次のような三つの複線（3複線）で運行されている。

①京浜東北線
②中距離電車線（東北線〈宇都宮線〉）・高崎線・上野東京ライン
③湘南新宿ライン・貨物列車線

第三次長期計画実施前は、［赤羽］までは3複線だったが、その先は一部を除き複線となっていた。ここに京浜東北線をはじめ、東北線・高崎線などの中距離電車、さらには東北・信越・上越各方面に向かう特急・急行・普通などの長距離列車、そして貨物列車が入り乱れて運行していたのである。まさに想像を絶する超過密運転区間だったのである。

第三次長期計画ではこの区間の3複線化が行なわれた。この工事は、実は1963（昭和38）年に着手していたが竣工には至っていなかった。

まず1967（昭和42）年10月1日に［与野］～［大宮］間が3複線化された。翌年9月25日には［赤羽］～［与野］間の3複線化も完成した。こうして、京浜東北線、中距離電車及び長距離列車、貨物列車の分離運転が行なわれるようになった。

また、この3複線化に合わせて道路との立体交差化も行なわれ、この区間の踏切はなくなった。

3複線化に先駆けて京浜東北線用の浦和電車区も建設されている。これは、1962（昭和37）年に当初105両の規模で発足し、現在では「さいたま車両センター」として800両以上擁する巨大車両基地に成長している。こうした改良で京浜東北線の運行は格段に自由度が増し、その後の京浜東北線ダイヤ設定にも大きく貢献したのだ。

はじめから一体化していた京浜東北線と根岸線

根岸線の歴史は古く鉄道開業までさかのぼる

根岸線は京浜東北線と直通運転し、［横浜］～［大船］間の22・１キロを結ぶ路線である。横浜線との直通運転も一部あるが、ほとんどがは京浜東北線との直通運転だ。そのため、駅ナンバリングに使われる路線記号は京浜東北線と同じ「ＪＫ」であり、しかも京浜東北線の終点となる［大船］駅がＪＫ01となって、以下、順に振られている。

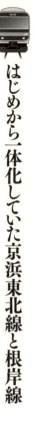

根岸線の歴史は、１８７２（明治５）年の日本の鉄道創業期までさかのぼる。［横浜］駅から一つ目の［桜木町］駅は、当時初代の［横浜］として設置された駅で、１９１５（大正４）年の二代目［横浜］駅開業で［桜木町］と改称されたのちも東海道本線の一部となっていた。

長らく「盲腸線」の終点といったかたちだったが、１９２２（大正11）年に公布された「鉄道敷設法」では「神奈川県桜木町ヨリ北鎌倉ニ至ル鉄道」として延長計画が定められた。これは東海道・横須賀線のバイパスルートといった位置づけだ。１９３７（昭和12）年には、［大船］～［桜木町］間で具体化、一部区間で着工となった。しかし、戦争の激化により工事は中断されてしまう。

なお、この路線は［大船］と［桜木町］を結ぶため、両方の漢字を使って「桜大線《おうだいせん》」と呼ばれた。

戦後、横浜市域が急速に拡大、根岸・磯子地区では工業地帯の形成、その先では大規模なニュータウンの造成も進められた。それを支える交通機関の一つとして未完成に終わっていた桜大線がクローズアップされる。そして根岸・磯子地区までの部分開業であっても有効と判断され、1957（昭和32）年に建設再開が決まった。

根岸・磯子地区では埋立地を走り、用地取得も有利だったこともあり、1964（昭和39）年5月19日に［根岸］～［桜木町］間が開通、同時に［根岸］～［桜木町］～［横浜］間が根岸線と命名された。

［大船］～［大宮］間の呼称は一定しない

根岸線は新しい高速鉄道に準ずる設計で建設され、踏切は皆無（実際には［山手］駅付近の立体交差化が間に合わず、わずかな期間、踏切が存在した）、またホームの長さも10

［洋光台］駅開業の1970（昭和45）年ごろの駅前。周辺の開発が進み始めている

両編成に対応するものだった。開業時から京浜東北線との直通運転が行なわれ、東京に直通する利便性の高い路線として注目された。

並行して近隣の工場が創業、住宅も増え、利用者は急増している。ちなみに開業月の［磯子］駅利用者は6万人（1カ月合計）に過ぎなかったが、1年後には26万人を超えるまで急成長している。

なお、この根岸線開業時から横浜線との直通運転も行なわれたが、当時の京浜東北線は6ないし8両編成だったのに対し、横浜線は日中4両編成（ラッシュ時は7両）となっており、根岸線利用者の不評を買ったという逸話もある。

根岸線開業のころ、国鉄の新線建設は直轄ではなく別組織で行なうといった考えかたが生まれ、1964(昭和39)年3月に日本鉄道建設公団(2003年から鉄道建設・運輸施設整備支援機構に統合)が設立された。同公団では当初、建設中の工事線29線、調査線(予定線のうち、着工を前提に調査を進める線)2線を引き継いだが、ここに根岸線も加えられ、[大船]〜[磯子]間を担当することになった。

こうして同公団により1970(昭和45)年3月17日には[洋光台]〜[磯子]間、さらに1973(昭和48)年4月9日には[大船]〜[洋光台]間が開業し、根岸線は全線開通している。こうして[大船]〜[大宮]間81・2キロを直通する京浜東北線の運転が始まった。

根岸線の路線記号は先述のように京浜東北線と一体化されているが、電車の案内などでは根岸線が使われることもある。

なお、北行は概ね「京浜東北線」と表示されるが、南行の電車では通常、[横浜]駅から「京浜東北・根岸線」となる。「根岸線」の単独表記は、横浜線直通電車では見られるが、京浜東北線直通電車には使われないようだ。

京浜東北線の補助的役割も担ったのが埼京線

東北・上越新幹線とセットで計画が進んだ

「大宮」～「大崎」間を結ぶ埼京線は、埼玉県エリアの通勤輸送を支える「通勤新線」という仮称で建設された。「埼京線」とは正式な路線名称ではなく、京浜東北線同様、運転系統の呼称だ。路線名称は「大宮」～「赤羽」間が東北線、「赤羽」～「池袋」間が赤羽線、「池袋」～「大崎」間が山手線となっている。

京浜東北線との直接的な接点は「大宮」「赤羽」両駅だけだが、京浜東北線の混雑緩和をはかる補助的な路線として欠かせない存在となっている。

京浜東北線の大規模改良は、先述のように１９６５（昭和40）年から始まった第三次長期計画で「赤羽」～「大宮」間を分離独立させて大きな進展を見せたが、首都圏域の拡大により需要は増し、さらなる輸送力の増強が求められていた。

そんなおり、１９７１（昭和46）年から東北・上越新幹線の建設が始まる。「東京」～「大宮」間では埼玉県内を地下化する予定だったが、地盤が悪く、それに伴う建設費の高騰な

埼京線と並行して走る新幹線。手前の線路が埼京線である

どで困難と判断され、高架線での建設となった。沿線住民は当初の約束と異なるとして強力な反対運動を展開する。

その後の交渉のなかで、新幹線建設に合わせて沿線の人々も活用できる通勤新線構想が立ち上がった。

これは混雑緩和の輸送力増強を求められていた国鉄にとってもいい話で、1978（昭和53）年11月に通勤新線の建設認可を申請、翌月に認可、すみやかに着工となった。この通勤新線は大儀的には東北線の線増という形で、経由地は違えども路線名称は東北線となっている。

当初は［大宮］から［宮原］まで延長し、高崎線と直通運転させる構想だったが、埼京線車両基地設置場所の問題もあり、現在の川越線との直通形態に変更されている。

こうして1985（昭和60）年9月30日に通勤新線が完成、赤羽線に直通運転し、［池袋］駅発着の「埼京線」として運転が開始された。同時に、非電化だった川越線も電化され、［川越］駅までの直通運転も始まっている。

その後、埼京線は［池袋］から［新宿］［恵比寿］［大崎］へと段階的に延伸されてゆく。そして、東京臨海高速鉄道りんかい線との相互直通運転も始まった。

根岸線を走る貨物列車はさまざまな方面に向かう

磯子・根岸地区には貨物用の路線が入り乱れる

京浜東北線は電車だけが走る旅客専用線のように思われるが、直通運転している根岸線では貨物列車の運行も行なわれている。現在、定期貨物列車の運行があるのは、［桜木町］～［根岸］間である。

利用者からすると、運行が［桜木町］駅まで（から）というのは中途半端な位置にある

◉［桜木町］駅からの東海道貨物線を通って［新鶴見信号場］方面へ

ように思えるが、実はこの駅から横浜側に分岐する線路があり、ここから海側に並行する貨物線（東海道貨物線）に入り、［東高島駅］［鶴見駅］［新鶴見信号場］方面へと通行できるのだ。

その先は武蔵野線につながっている。

もともと根岸線を建設する際、磯子・根岸地区の工業地帯を支える路線としての使命もあった。これは工場で働く人々の通勤輸送に留まらず、原料や成果物の輸送にも活用されてきたのだ。現在、定期列車として設定されている貨物列車は、［根岸］駅に隣接するＪＸＴＧエネルギーの根岸製油所で精製された石油類を輸送するタンク車列車が中心となっている。ここでは１日10往復以上の定期列車のほか、需要に応じて運転される臨時列車も多数設定されている。

行き先は近隣にある［川崎貨物］駅のほか、武蔵野線経由で中央線に入り、［八王子］駅、［竜王］駅（山梨県）、さらにはしなの鉄道線［坂城］駅（長野県）まで運ばれている。

また、高崎線の［倉賀野］駅（群馬県）や東北線の［宇都宮貨物ターミナル］駅に向かう設定もある。このほか、［根岸］駅から分岐する神奈川臨海鉄道から発着するコンテナ列車などもある。

東日本大震災の緊急燃料輸送で注目された［根岸］駅

京浜東北線の電車から見ていると、貨物列車とすれ違うのは［桜木町］～［根岸］間だけで、地味な存在の貨物列車である。しかし、２０１１（平成23）年3月11日の東日本大震災発生直後には根岸線の貨物列車が大活躍し、大きな注目を集めたことは記憶に新しい。

地震によって東北本線は、全線が不通となり、全線で運転が再開されたのは4月21日。また常磐線は、２０１８年に入ってなお、一部区間で不通が続いている。当時は東北自動車道も不通となった。4月10日に応急復旧工事で全線開通となったものの、大渋滞が続いた。

［根岸］駅構内に留め置かれている多数のタンク車（Hisi21 CC BY-SA 4.0）

こうして東北地方の物流が途絶え、各地でガソリンや軽油といった燃料が枯渇する事態に陥った。そこで鉄道の緊急ルートによる燃料輸送が計画された。

それは首都圏から上越線で日本海側に抜け、青森から東北線（当時）・羽越・奥羽・青い森鉄道・ＩＧＲいわて銀河鉄道経由で［盛岡貨物ターミナル］駅へ、あるいは、新潟から磐越西線経由で［郡山貨物ターミナル］駅へと向かうものだった。それらの発駅となったのが［根岸］駅だった。

この輸送の発案は3月14日に固まったが、ふだん貨物列車が運行されていない区間もあり、輸送用のタンク車や機関車、運転士の手配、さらに線路が貨物列車の運行に耐えられるかどうかなど緊急で準備作業が進められた。

こうして3月18日の19時44分、ＥＦ２１０形電気機関車に牽引されたタンク貨車18両が〔根岸〕駅を出発した。

積載していたのはガソリン・軽油合計７９２キロリットル、タンクローリーで40台分となる量だ。

この第1便は翌日の22時過ぎ、無事、〔盛岡貨物ターミナル〕駅に到着。待機していたタンクローリーに積みかえられ、必要な現場へと散っていった。

その後、3月21日からは1日2便に増便された。同25日からは〔郡山貨物ターミナル〕駅に向かう輸送も始まった。こうして4月19日までの約1カ月、〔根岸〕駅から東北各地に向かう緊急燃料輸送列車が運行されたのである。

これは、根岸線の貨物列車の歴史として忘れられない出来事だった。

根岸線はトンネル区間が多い？

「いまは山中、いまは浜」とはいかないが……

トンネルの連続する区間を走る京浜東北線

京浜東北線はトンネルのない平坦地を走っている路線というイメージがあるが、直通する根岸線に入ると様相が一変する。

横浜中華街がそばに控える［石川町］駅を出るとすぐに正面に緑の森が立ちはだかる。外交官の家などがある丘陵地帯だ。電車は、山手、麦田、第二竹之丸のトンネルでその下をくぐって［山手］駅に到着するが、この先には全長662メートルの矢口台トンネルが控えている。

この矢口台トンネルを抜けると［新杉田］駅まで平坦地を進むが、ここから［本郷台］駅の先までは大小のトンネルが連続する。杉田第一トンネルを抜けたところで京浜急行本線を跨ぎ、杉田第二〜第四トンネルと続く。［洋光台］駅を発車して矢部野トンネルを抜け、横浜横須賀道路の下をくぐるあたりが根岸線の最高地点となる。

短い日野第一トンネルをくぐると、［港南台］駅だ。この駅は、港南台トンネル内に設けられた駅である。［港南台］駅を出ると、根岸線内では最長となる全長1181メートルの日野第二トンネルを抜ける。

さらに、鍛冶ヶ谷トンネルを経て［本郷台］駅へ至る。

［本郷台］駅の広い構内が途切れたところで、根岸線最後の大道トンネルへ。この先で貨物線が分岐して3線の形で［大船］駅へと入っていく。

根岸線の走る区間は、横浜市の西部を南北に通る多摩・三浦丘陵を横断する形になっている。ここは低い丘陵が幾重にも連なる地形で、それゆえにトンネルが多くなっているのだ。

もっとも沿線は、根岸線の開通と前後して宅地化が進められた。その宅地造成は、単純な林野の宅地化に留まらず、地形そのものの改変を伴うほど大規模に展開された。いわゆる「ニュータウン開発」である。

そのため、トンネルが多いとはいっても、トンネルを出たところで車窓に山間を走るようなイメージはない。

第2章

快速運転、直通運転。

京浜東北線「運行」の謎

上野東京ライン開業で京浜東北線は変わったのか?

数字で見るほどには混雑緩和を実感できない

2015(平成27)年3月14日、上野東京ラインが開業した。これは、［上野］～［東京］間に在来線の新たな複線線路を設け、［上野］発着だった東北線(宇都宮線)・高崎線・常磐線と［東京］発着だった東海道線を相互直通運転するようにしたものだ。

それまで［上野］～［東京］間は、在来線では山手線と京浜東北線の2系統が結んでいたものが、上野東京ラインの開業で3系統となった。京浜東北線はどこか変わったのだろうか。

「第12回大都市交通センサス」(国土交通省、平成27年度調査)には通勤定期利用者の経路変化の動向が考察されているが、埼玉県内の沿線地域から横浜・川崎方面の経路は上野東京ライン利用者が47・3％(上野駅からの利用者も含む)となり、京浜東北線は2010年の42・8％から29・4％に下がったと記されている。シェアの変動はグラフを見るまでもなく明らかだ。

◉埼玉沿線地域から横浜・川崎への路線分担率の変化

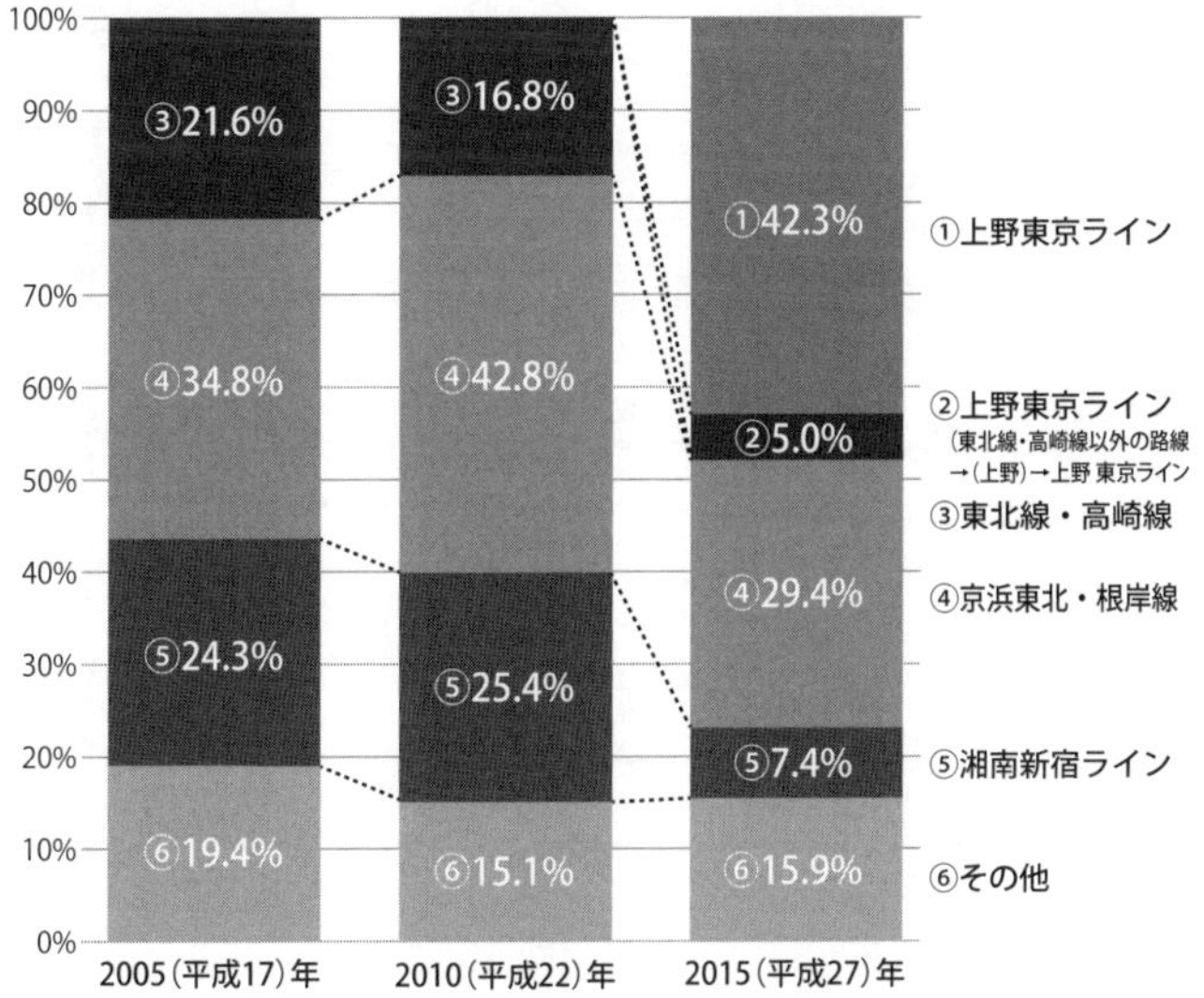

※国土交通省「第12回大都市交通センサス」より

この数値だけから見ると、上野東京ライン開業で京浜東北線の利用者がそちらに流れ、その分、混雑が緩和されたようにも思えるが、いざ乗車してみるとさほど空いたようには思えない。

実は、京浜東北線の利用者数そのものは、「第11・12回大都市交通センサス」によれば、279万3597人（京浜東北線全駅からの乗車人員合計／2010年）から297万4461人（同／2015年）へと微増し、変化を実感するには至らないのであろう。

国電初の快速電車は京浜東北線で走った

停車駅は少しずつ増えていった

現在、京浜東北線では日中、［田町］～［田端］間で快速運転が行なわれている。

これは快速運転によって速達化し利便性を高めるもので、１９８８（昭和63）年３月13日のダイヤ改正から始まった。国鉄の分割民営化でＪＲグループに移行してから1年足らずのことだ。ＪＲ東日本によるこの施策は、国鉄時代とは違う、柔軟な発想を示すものとして注目された。

具体的には［東京］駅基準で北行10時38分～15時37分、南行10時35分～15時44分の時間帯で京浜東北線を快速運転するもので、この間の停車駅は［田町］［東京］［秋葉原］［上野］［田端］とされた。これにより［田町］～［田端］間では7分程度の短縮となった。

京浜東北線は山手線と方向別運転が行なわれ、途中駅利用者は山手線に乗り換えることになる。山手線では同時に、１時間あたり内回り外回りとも３本の増発を行ない、５分おき運転から４分おき運転に切りかえ、線区全体での利便性を向上させた。なお、京浜東北

快速運転をする京浜東北線の車両。行き先表示窓のところに赤地に白文字で「快速」と表示されている

線の［田町］～［田端］間には列車の追い越しに使える設備がないため、快速運転といっても、京浜東北線同士の追い抜きはない。

当初、京浜東北線が通過する［御徒町］駅周辺の商店街では死活問題として反対運動も起こったが、始まってみると山手線の増発もあって利便性はかえって高まったため、やがて鎮静化した。

一方、運行側のJR東日本にとっては、それまで停車していた列車が通過するため、ホームでの接触事故が心配だったと想像する。近年ではホームドア設置が進み、ようやく安心して運行できる体制が整ってきたというところだろうか。

現在、快速電車は［浜松町］と［神田］、そして土曜・休日には［御徒町］にも停車するようになったが、これは乗客の流動などから考慮されたものだろう。

最初に追加されたのは［浜松町］駅で、２００２（平成14）年7月14日から停車するようになった。これは羽田空港に向かう東京モノレールの乗り換え駅で、その利便性をはかるとされたが、同年2月22日に東京モノレールがＪＲ東日本の傘下に入ったことも関係しているだろう。翌年には［浜松町］駅でＪＲと東京モノレールの連絡通路も整備され、利便性がさらに増している。

［神田］駅に停まるようになったのは２０１５（平成27）年3月14日からで、同時に土曜・休日には［御徒町］駅にも停まるようになった。同日「上野東京ライン」が開業しているが、同線は［上野］～［東京］間に駅がなく、その見返り的な停車追加でもあったようだ。

なお、従来年末年始（例年12月26日～翌年1月4日）は特別ダイヤを設定、終日各駅に停車する体制をとっていた。しかし、２０１５（平成27）年末以降、この特別ダイヤでも日中は快速運転を行なうようになっている。

なお、京浜東北線の前身となる京浜線では、１９１６（大正5）年から約2年間「急行電車」が運転されていた。「急行」といっても別料金は不要で、現在のＪＲの「快速」に相当するものだった。停車駅の詳細は不明だが、当時の「鉄道時報」（大正5年11月3日付）に「川崎駅に停車せず」とあり、わずかな主要駅のみに停車したと思われる。また、運転をめざしていたときの「横浜貿易新報」（大正5年8月24日付）には東京〜桜木町間で「約十三分間短縮」とも紹介されているが、のちの「横浜貿易新報」（大正7年3月11日付）では「僅かに四分」とあり、実際にはさほどの速達性はなかったようだ。

ともあれ、これが国電初の快速運転と思われ、京浜東北線にはそんなエピソードもあったのだ。

隣を走る山手線のほうが速く見えるけど……

加速度で見ると山手線のほうが速いが

京浜東北線と山手線は［田端］〜［品川］間を並んで走っている。ともに運転本数が極めて多いので、しばしば並走することもある。

このとき、なんとなく山手線のほうが速いのではないか？　という声もある。

京浜東北線、山手線ともダイヤ上の最高速度は時速90キロとなっている。車両はどちらもＪＲ東日本の最新型。差などあるのだろうか？

車両性能だけでいえば、両線の車両で起動加速度が異なっている。起動加速度とは、走行速度が0のとき（起動時）の加速度を示す数値で、単位は一般に㎞／h／s（キロメートル毎時毎秒）が用いられる。

京浜東北線はE233系1000番台で運行され、この起動加速度は2・5㎞／h／sとなっている。一方、山手線で使用されている車両はE231系500番台およびE235系だが、どちらも3・0㎞／h／sだ。この数字をどう判断するのかといえば、最高速度の時速90キロに達するまで、山手線なら90÷3・0で30秒。同様に京浜東北線なら36秒かかることになる。この差が、京浜東北線と山手線の差になっているわけだ。

起動加速度は、路線の特性やダイヤ設定などの条件から最適な状態で設計される。E233系の場合、起動加速度は2・3〜3・3㎞／h／sの範囲で設定でき、導入路線の特性に合わせて選択する方式だ。この選択はかなり難しく、単純に起動加速度を速くすればいいという話ではない。

歯車比なども関わってくるため、駅間の離れた路線で高速走行を中心に効率よく走るのか、駅間の短いところで急加速・急減速により所要時間を短縮するのか、というような判断も行なわれるのだ。

単純に営業キロと駅数から平均駅間距離を計算してみると京浜東北線は1・80キロ、

山手線は1・23キロ（ともに2018年8月現在）となり、起動加速度の違いの理由が見えてくるようだ。

スピード競争をしているわけではないので

もっとも、実態はこうした起動加速度の差どおりには動かない。例えば、平日の［田端］駅発車の電車で見ると朝6時13分（2018年8月現在）に京浜東北線と山手線が同時発車する。この電車の［品川］駅の発車時刻も、ともに6時40分発だ。これは一般に閲覧できる時刻表からの数値で実際には10秒単位の違いがあるかも知れないが、見た目は同時だ。つまり、ここでは京浜東北線と山手線がきちんと並んで走っていることになる。

そもそも、京浜東北線と山手線はお互いにスピード競争をしているわけではなく、運行ダイヤを守って運転しているのである。

なお、並んで走っているとはいえ、［品川］～［田町］間では京浜東北線の北行電車が山手線を乗り越えるため、（登り急勾配があるため）線路条件がほかとは異なる。そのため、［品川］から［田町］へ向かう山手線内回りと京浜東北線の北行電車では山手線のほうが確実に速くなる。

京浜東北線の女性専用車は導入・消滅の繰り返し

明治末年には日本初の女性専用車が登場

現在、京浜東北線では朝のラッシュ時間、一部区間で女性専用車の設定がある。時間帯は平日の7時30分から9時30分まで（北行は［品川］駅、南行は［東京］駅到着基準）、北行は［大船］〜［品川］間の全列車（横浜線直通電車は除く）、南行は［大宮］〜［東京］間の全列車で、3号車だけが対象となる。京浜東北線では２０１０（平成22）年4月19日から導入が始まり、当時から２０１８年現在までこの設定は変わらない。

近年、各鉄道・各路線で女性専用車の導入が進められているが、これは２０００（平成12）年に京王電鉄京王線で試験導入されたことを皮切りに関東・関西の鉄道中心に導入が続いた。そして現在では札幌、名古屋、福岡など各都市圏にも広がっている。

京浜東北線を運営するＪＲ東日本の場合、２００１（平成13）年に埼京線で導入、２００５（平成17）年に中央線快速、２００６（平成18）年に常磐線各駅停車、総武線各停と広がったが、対象列車や時間帯は各路線によって異なっている。これはそれぞれの路線の状況を検討したうえで設定されているからだ。

路線によって女性専用車の連結位置も異なり、多くは1号車または10号車（設定路線はいずれも10両編成で運行）と編成の端になっているが、京浜東北線だけ3号車となっている。なお、女性専用車としているが、JR東日本の場合は小学生以下のこども、身体の不自由な乗客とその介護者については男性でも利用可能としている。

各駅ではホーム床面などに女性専用車の設定情報を記載しているので、男性が乗車する際は一度確認するのがマナーとなってきたようだ。

こういった女性専用車の設定は過去にもあり、日本初の女性専用車は、1912（明治45）年、中央線に設定された「婦人専用電車」あたりが嚆矢とされている。その後、いくつかの設置例が見られるが、諸般事情のなかで盛衰を繰り返してきた。

京浜東北線で女性専用が登場するのは戦後の1947（昭和22）年9月15日からだった。終戦後の交通事情が劣悪を極めた時代で、特に通勤・通学時間帯は収拾がつかない状態に陥った。

その対策の一つとして同年5月から中央線上り電車に「婦人子供専用車」を設定、それを京浜東北線にも拡大したものだ。京浜東北線では当時連結されていた進駐軍用車両の半室をこれに充てての設定だった。

京浜東北線の場合、「婦人子供専用車」がいつまで続いたかは不明だが、１９５７（昭和32）年6月20日にはそれまで連結されていた二等車を廃止し、その車両を「老幼優先車」に転用している。二等車というのは進駐軍用車両を解除した際に設定されたもので、少なくとも「婦人子供専用車」と「老幼優先車」が同時に存在したわけではない。

なお、京浜東北線の「老幼優先車」は１９６１（昭和36）年11月には廃止されたようだ。

全列車が大宮〜大船間を往復するわけではない

全列車の半分ほどが途中駅止まりの列車

京浜東北線は、既に述べているように、埼玉・東京・神奈川の一都二県の主要部を南北に結ぶ重要な路線である。運転区間は［横浜］駅を経由して根岸線に直通運転し、［大船］〜［大宮］間となっている。つまり、京浜東北線といっても、実は「京浜東北・根岸線」というわけだ（本書では、状況に応じて「京浜東北・根岸線」の表記も使用する）。

ただし、すべての列車が［大船］〜［大宮］間を往復しているわけではない。利用客は、

[東十条]駅近くにある下十条運転区。[東十条]駅で折り返し運転する車両が留置されている

「南浦和行」「磯子行」といった途中駅止まりの列車を見かけることも多いだろう。

京浜東北線の運行状況の概要をつかむため、[東京]駅を発着する列車の行き先を調べてみると、北行では平日、土曜・休日とも終点の[大宮]駅まで行く電車のほかに、[南浦和][赤羽][東十条][上野]止まりという電車がある。

南行では終点の[大船]駅のほか、平日では[磯子][桜木町][東神奈川][鶴見][蒲田]止まりが、土曜・休日には[磯子][桜木町][鶴見][蒲田]止まりがある。

[東京]駅を発着する列車の本数は、北行・南行ともに平日が265本、土曜・休日は225本となっている(2018年8月現在)。

このうち、北行の場合、[大宮]駅まで行くのは平日170本（約64％）、休日144本（64％）、南行の場合、［大船］駅まで行くのは平日120本（約45％）、土曜・休日115本（約51％）と限られた本数で、それ以外は途中の駅止まりとなっているのである。実際、区間列車としての運転がかなり多いのだ。

8 駅で折り返しが行なわれる細やかなダイヤ設定

いうまでもないが京浜東北線［大船］～［大宮］間の需要は全区間一定ではなく、やはり都内区間の移動が中心となっている。「第12回大都市交通センサス」の調査結果を見ると、北行は［横浜］駅あたりからぐんと増え、［西川口］駅あたりまで続く。通過人員のピークは［品川］駅だ。また、南行も［西川口］～［横浜］駅が特に多く、ピークは同じく［品川］駅となっている。

当然のことだが、こうした需要に応じて運行密度は調整され、より効率的な運転が行なわれているのだ。

途中の行き先には、南側から［磯子］［桜木町］［東神奈川］［鶴見］［蒲田］［上野］［東十条］［赤羽］［南浦和］といった駅がある。それぞれの駅の状況を見ると、［上野］駅以外、すべて始発列車の設定もある。ここで折り返し運転が行なわれているのだ。

◉東京駅の行き先別運行本数（2018年8月現在、平日）

北行（平日）　　（単位：本）

	大宮	南浦和	赤羽	東十条	上野	合計
4時	1					1
5時	5					5
6時	11					11
7時	13	6				19
8時	11	10	2	1		25
9時	8	7	3			18
10時	6	6		1		13
11時	5	6				11
12時	6	5				11
13時	6	5				11
14時	7	4				11
15時	7	5				12
16時	11		1			12
17時	14	5				19
18時	13	6				19
19時	10	6				16
20時	8	4				12
21時	9	3				12
22時	8	4				12
23時	9	1				10
24時	2	1	1		1	5
合計	170	84	8	2	1	265

南行（平日）

	大船	磯子	桜木町	東神奈川	鶴見	蒲田	合計
4時	2						2
5時	5		1				6
6時	6	3	1				10
7時	11		2		2	4	19
8時	7	4	3		3	6	23
9時	6	6		1	1	6	20
10時	6	4				4	14
11時	6	4				1	11
12時	6	4				1	11
13時	6	4				1	11
14時	6	4	6			1	11
15時	6	3	1			1	11
16時	6	2	2			3	13
17時	8	2	4			1	15
18時	8	2	2		3	5	20
19時	6	5				6	17
20時	5	4	3			1	13
21時	5	4	3				12
22時	4	3	4				11
23時	5	3	2				10
24時		1	2			2	5
合計	120	62	120	1	9	43	265

さいたま車両センター。[蕨]～[南浦和]駅間のほぼ1駅分の規模を誇る、京浜東北線の主力車両基地である

ただし、発着ホームでの単純な折り返しだけではなく、いったんホームから引き上げて出番を待ったり、隣接する車両基地への出入区もある。

［磯子］駅の場合、［根岸］駅側に車両基地（鎌倉車両センター磯子派出所）があり、その出入区も兼ねた発着設定がある。

［桜木町］駅は、島式ホーム2面3線となっているが、この中線（2・3番線）を使って［横浜］駅方面の折り返しを行なっている。線路の構造上、［関内］駅方向への折り返しはできない。また、［桜木町］駅で夜間留置される列車もあるが、これも中線が使われている。

［東神奈川］駅は、［新子安］駅側に車両基地（鎌倉車両センター東神奈川派出所）があ

り、［磯子］駅同様、出入区も兼ねた発着設定がある。

［鶴見］駅は、［新子安］駅側に引き上げ線があり、これを使って折り返す。

［蒲田］駅は、［川崎］駅側に基地がある。かつては蒲田電車区として車両配置もあったが、体制の変革で現在は車両配置がなく、運転士、車掌のみ所属する運輸区（大田運輸区）となっている。線路設備が残されているため、それを活用した折り返し運転や留置も行なわれている。

［東十条］駅も、車両配置はなく運転士のみ所属する下十条運転区が隣接している。かつては下十条電車区として車両配置もあったが、その設備を活用した折り返し運転や留置が行なわれている。

［赤羽］駅は、［川口］駅側に引き上げ線があり、これを使って折り返す。

［南浦和］駅は、［蕨］駅側に京浜東北線の主力車両基地となるさいたま車両センターがある。その出入区も兼ねた発着設定がある。また、車庫への引き上げをせず、［浦和］駅側の引き上げ線で折り返す列車もある。

京浜東北線では、こうした設備を使い、細やかなダイヤ設定が行なわれているのだ。

6駅がＪＲ東日本駅別乗車人員ベストテン入り

乗客の乗降は横浜駅が最も多い

京浜東北線の乗降が多いのはどこの駅だろうか？

ＪＲ東日本の駅別乗車人員で見ると、２０１７年度のベストテンは、①［新宿］、②［池袋］、③［東京］、④［横浜］、⑤［品川］、⑥［渋谷］、⑦［新橋］、⑧［大宮］、⑨［秋葉原］、⑩［北千住］となっている。このうち、京浜東北線の駅は［東京］［横浜］［品川］［新橋］［大宮］［秋葉原］と6駅も含まれている。

やはり、この路線は首都圏の大動脈にふさわしい。

前掲の「第12回大都市交通センサス」によると、各方面の乗降人員数上位5駅は次のようになっている（定期および定期外の乗客総数）。

●北行（乗車）

①［横浜］、②［蒲田］、③［赤羽］、④［大森］、⑤［南浦和］

●北行（降車）

◉2015年　駅別乗降人員（定期＋定期外の総数）　（単位：人）

	〈北行〉乗車人数		〈北行〉降車人数		〈南行〉乗車人数		〈南行〉降車人数	
1位	横浜	105,812	横浜	119,257	横浜	120,159	横浜	107,954
2位	蒲田	95,073	大宮	93,060	品川	96,519	蒲田	102,004
3位	赤羽	91,028	品川	88,993	大宮	94,108	赤羽	89,995
4位	大森	71,985	東神奈川	84,708	東神奈川	87,579	大井町	74,685
5位	南浦和	70,611	南浦和	74,411	南浦和	74,419	大森	72,893
6位	秋葉原	69,434	川口	69,856	川口	68,453	南浦和	70,386
7位	大井町	69,370	東京	57,256	東京	57,605	秋葉原	65,922
8位	川崎	63,111	秋葉原	55,145	秋葉原	54,998	川崎	64,592
9位	桜木町	61,115	上野	51,014	川崎	50,448	桜木町	59,896
10位	鶴見	55,963	川崎	50,425	赤羽	47,014	鶴見	55,709
11位	関内	54,228	赤羽	47,479	西川口	44,833	関内	54,484
12位	東神奈川	45,446	西川口	45,959	蕨	43,636	東神奈川	46,404
13位	大船	41,765	蕨	44,843	蒲田	42,717	大船	41,268
14位	東京	40,032	蒲田	44,395	鶴見	42,715	東京	36,775
15位	品川	36,206	鶴見	43,057	上野	41,598	浜松町	35,352
16位	王子	35,461	王子	41,553	王子	40,486	王子	34,861
17位	浜松町	34,252	大井町	40,483	大井町	40,341	田端	31,963
18位	田端	32,386	浦和	39,442	浦和	40,243	品川	30,777
19位	新杉田	27,567	北浦和	38,395	北浦和	37,560	新杉田	27,378
20位	川口	25,933	田町	36,785	田町	37,058	川口	25,758
21位	新橋	24,587	新橋	36,491	新橋	36,762	浦和	23,402
22位	浦和	24,435	有楽町	30,597	有楽町	31,737	石川町	23,223
23位	田町	24,090	大森	28,996	大森	29,494	港南台	23,150
24位	石川町	23,104	浜松町	25,949	浜松町	27,870	田町	23,112
25位	港南台	22,135	さいたま新都心	18,246	さいたま新都心	18,149	新橋	23,008
26位	神田	20,381	新杉田	16,933	新杉田	16,860	神田	20,194
27位	蕨	19,025	与野	15,613	神田	16,000	蕨	19,130
28位	日暮里	18,475	神田	15,593	与野	15,442	日暮里	17,664
29位	有楽町	18,193	桜木町	15,129	桜木町	14,845	有楽町	16,682
30位	新子安	15,268	日暮里	13,489	日暮里	14,337	上野	16,341
31位	上野	14,934	東十条	13,415	田端	13,513	新子安	15,146
32位	西川口	14,386	関内	13,321	関内	13,496	西川口	14,309
33位	洋光台	14,113	田端	12,571	東十条	13,485	洋光台	14,241
34位	北浦和	13,642	新子安	11,248	新子安	11,223	西日暮里	14,172
35位	磯子	12,925	港南台	7,878	港南台	8,038	北浦和	13,805
36位	西日暮里	12,918	本郷台	7,314	本郷台	6,930	磯子	13,018
37位	山手	12,837	石川町	6,263	石川町	6,560	山手	12,883
38位	根岸	11,789	上中里	5,164	上中里	5,162	根岸	12,006
39位	本郷台	9,906	御徒町	5,067	御徒町	5,013	本郷台	10,023
40位	与野	9,402	根岸	4,992	根岸	4,814	与野	9,477
41位	御徒町	7,491	洋光台	4,631	洋光台	4,580	さいたま新都心	7,378
42位	さいたま新都心	7,304	西日暮里	4,591	西日暮里	4,217	御徒町	7,343
43位	東十条	5,453	磯子	3,561	磯子	3,555	東十条	5,919
44位	鶯谷	1,551	鶯谷	1,770	鶯谷	2,011	鶯谷	1,682
45位	上中里	1,466	山手	1,250	山手	1,231	上中里	1,449
46位	大宮	0	大船	0	大船	0	大宮	0
	合計	1,486,588	合計	1,486,588	合計	1,487,813	合計	1,487,813

①［横浜］、②［大宮］、③［品川］、④［東神奈川］、⑤［南浦和］

●南行（乗車）

①［横浜］、②［品川］、③［大宮］、④［東神奈川］、⑤［南浦和］

●南行（降車）

①［横浜］、②［蒲田］、③［赤羽］、④［大井町］、⑤［大森］

北行・南行、そして乗車・降車とも［横浜］駅がすべて第1位に入っている。つまり京浜東北線は［横浜］駅で乗客ががらりと入れ換わることになる。京浜東北線北側の折り返し駅となると［大宮］駅も乗降が多い。もちろん、降車は北行のみ、乗車は南行のみとなるが……。

先述の京浜東北線通過人員が最大となる［品川］駅も多い。面白いのは北行の降車が多く、南行の乗車が多い。京浜東北線の［品川］駅利用者は南側からのアクセスが多いと読める。

［赤羽］駅も利用者が多いが、こちらは南行の降車が多く、北行の乗車が多い。［赤羽］駅は［品川］駅とは逆に北側からのアクセスが多いようだ。当駅で乗り換え、埼京線や湘南新宿ラインで池袋・新宿・渋谷方面に行く乗客が多いということだろうか。

このほか、［蒲田駅］［大森駅］［東神奈川］［南浦和］の各駅なども多い。JR東日本の駅別乗車人員でみると、２０１７年度では［蒲田］20位、［大森］45位、［東神奈川］駅１００位外、［南浦和］80位となる。［蒲田］駅では東急池上線・多摩川線、［東神奈川］駅ではＪＲ横浜線、［南浦和］駅ではＪＲ武蔵野線に乗り換えられ、こうしたターミナルとしての需要も多いと思われる。

ただし、［大森］駅は京浜東北線以外の路線はない。純粋にこの駅の利用者が多いと考えられる。

列車番号がわかると列車の運行状況もわかる

ＪＲ東日本のＷｅｂサイトの「時刻表」には番号が記載

京浜東北線で活躍しているＥ２３３系電車は、運行中、正面窓ガラス下の黒い部分に４～５桁の数字とアルファベットからなる表示がある。これは、列車の運行に欠かせない「列車番号」の表示である。

列車番号とは個々の列車の識別のために割り振られる番号で、「列番」と略されることもある。多くは数字とアルファベットの組み合わせで表示されている。

列車番号は、全般的な列車の運用管理はもちろんのこと、ＣＴＣ（列車集中制御装置）やＰＲＣ（自動進路制御装置）などの列車識別にも活用されている。

一般の乗客には必要のない情報だが、列車によっては市販の『時刻表』などにも併記され、旅行行程の作成などに活用している人もいる。運転本数の多い路線では列車番号が省略されているケースも多いが、ＪＲ東日本のホームページにある「時刻表」（http://www.jreast-timetable.jp/index.html）では京浜東北線の列車番号もすべて公開されている。

ルールに従って1本1本の列車に番号が

列車番号のつけかたは、列車の運行形態や路線事情を反映し、さまざまなルールが設けられている。ただし、ＪＲグループは会社間を渡って運行する列車も多く、原則として旧国鉄の定めたルールを踏襲している。参考までに、そのルールは次のようなものである。

- 1～4桁の数字を使い、車種や路線などの区別のために末尾にアルファベットをつけることもある。また、列車種別を示すために頭に文字（漢字）をつけることもある
- 原則として、線区の下り列車は奇数、上り列車は偶数で表示する

京浜東北線で使用されているE233系電車の正面には列車番号が表示されている。この写真では「1544B」となっている(Tennen-Gas CC BY-SA 3.0)

基本はこの2点だが、例えば数字の使いかたには「6000番台や7000番台は季節列車、8000番台は臨時列車」といった細かいルールがあった。

現在では踏襲している会社もある一方、定期列車でも6000・7000・8000番台を使っている会社もある。

また、線区によっては線路名称上の起終点と逆転した列車番号が使われることがある。さらに首都圏の湘南新宿ラインや上野東京ラインなど複数の路線を直通運転する場合、直通先で列車の上下方向が逆転しても列車番号を変更しないこともある。結果として同一方向に運転される列車であっても奇数偶数が混在することがある。

京浜東北線の列車番号を見てみると、数字

は3～4桁で、その末尾にABCいずれかのアルファベットがつけられている。数字は、前半（1または2桁）で始発駅の発車時間帯、後半の2桁で運用番号が示されている。

時間帯は24時間制で示され、午前9時台発までは1桁となる。つまり、数字全体で見ると午前9時台発車まで3桁、午前10時以降終電まで4桁になるわけだ。

運用番号は2桁で示されるが、下1桁の数字は南行電車が奇数、北行電車が偶数となっている。途中で折り返す運用もあり、そこでは元の番号から1を減じて調整している。

また、末尾のアルファベットは、運用当日の出庫場所によって定められ、「A」はさいたま車両センターまたは元・下十条運転区の留置線から出庫する場合、「B」は［大船］［磯子］［桜木町］［上野］［大宮］の各駅を始発駅とする運用と鎌倉車両センターの磯子派出所または東神奈川派出所から出庫する場合、「C」は大田運輸区（旧・蒲田運輸区）の留置線から出庫する場合となっている。

実例を見ると、平日、［大船］駅を朝4時43分に発車する一番電車の列車番号は「450B」となっている。

これを読み解いていくと、頭の「4」は始発駅を午前4時台に発車、「50」は北行電車の運用、そして「B」は［大船］駅を始発とする鎌倉車両センター磯子派出所または東神奈川派出所から出庫していることがわかるのである。

ちなみに「Ａ」は［南浦和］駅平日４時30分発の［大船］行き始発電車が「４０１Ａ」、「Ｃ」は［蒲田］駅平日４時33分発の［大船］行き始発電車が「４０３Ｃ」などとして使われている（いずれも２０１８年８月現在）。

京浜東北線から始まった安全への取り組み

国鉄時代から始まった安全への取り組み

いろいろな交通機関の例に漏れず、鉄道でも、安全な運行ができるよう、さまざまな工夫が積み重ねられてきた。

安全運行の基本となるのは、安全に向けたシステムの構築、それを運用するルールの策定、そして従事者がそれを順守することなどである。しかし、人間は見落としや勘違いなどのミスをおかすこともある。そうしたミスがあっても安全運行ができるように開発されてきたのが、各種の保安装置だ。

国鉄時代に開発されたシステムの一つが「車内警報装置」である。これは、列車が停止信号を越えて進行しようとした際、運転室内に警報が鳴って運転士に必要な操作を促すというものである。それによって運転士が速やかにブレーキ操作をしたり、確認ボタンを押せば自動的にリセットされるようになっていた。

この装置の導入は１９５４（昭和29）年12月、京浜東北線及び山手線で始まった。昭和20年代、京浜東北線と山手線は［田端］～［田町］間で同一の線路を使って運行していたため、朝夕のラッシュ時は運転間隔２分、毎時26本という驚異的なダイヤになっていた。地上信号はあるものの、操作は運転士一人一人の注意力によって行なわれていたのである。

何らかの保安装置が必要とされていたおりもおり、１９４７（昭和22）年４月22日に京浜東北線の［上中里］～［田町］間で追突事故が発生した。原因は地上信号が停止を示していたものの、運転士が気づかずにそのまま進み、先行列車に追突したものだった。死者４名、負傷者１１４名という惨事になってしまった。

残念ながら当時は戦時中の荒廃復旧が先決とされ、保安装置の開発にとりかかったのは３年後のこととなった。

１９５１（昭和26）年には停止位置まで一定の距離に近づいたことを検知するシステムが完成、同年６月には車内警報装置の実用化試験も行なわれている。

これが相応の成果を得たことから、「B型車内警報装置」として採用が決定、京浜東北線（当時は［大宮］～［桜木町］間）および山手線から導入されることになった。この装置は、地上装置と車上装置からなり、車上装置は370両に取りつけられた。こうして1954（昭和29）年12月から両路線で使用が始まった。

1966年までに国鉄全線にATS導入

［田端］～［田町］間で京浜東北線と山手線の分離が行われるのは1956（昭和31）年11月19日からで、この時代の朝夕のラッシュ状況は逼迫していた。その打開策の一つとして1分50秒間隔での運行も行なうことになり、車内警報装置の設置が急がれた。

車上装置の初期故障もあったが、車内警報装置の効果は絶大だった。それまで、平均すると年に1、2件は発生していた列車の大規模な衝突事故は、装置の設置路線ではほぼ皆無の状況になった。

設備費が安く、構造が簡単なこともあり、その後、路線の特性に合わせた「A型車内警報装置」「C型車内警報装置」も開発され、1956（昭和31）年以降、東京・大阪の近郊通勤電車区間に設置されている。

また、1960（昭和35）年1月1日には、東海道線［東京］～［新橋］間で負傷者24名という追突事故が発生した。この事故では、車内警報装置が作動したものの、運転士が確認ボタンを押してそのまま進行したため、先行列車に追突したものだった。事故原因が解明される過程で、警告を与えるだけでは不十分であり、列車の停止までを保安装置に任せる必要があるとされた。

こうして、車内警報装置に非常ブレーキ制御を加えた「S型車内警報装置」が完成し、1962（昭和37）年1月からは性能確認試験が行なわれた。この試験中の5月3日に常磐線［三河島］駅で列車衝突事故が発生したこともあり、国鉄全線区にわたる導入が決まった。なお翌年には、S型車内警報装置の名称を、自動列車停止装置（Automatic Train Stop）であることから「ATS－S型」と改めた。また、京浜東北線などに導入されていたB型車内警報装置はシステムに非常ブレーキ制御を付加することが可能で、これは「ATS－B型」として実用化された。

こうして1966（昭和41）年までに国鉄全路線のATS導入が完了したのである。

なお、日本では大正時代からATSの研究が始まっていた。その実用化は1927（昭和2）年の東京地下鉄道（現在の東京メトロ銀座線の一部）が嚆矢となっている。しかし、国鉄では路線距離が膨大なこともあり、導入が遅れていた。

より安全性の高いＡＴＣの導入が進んだ

国鉄では東海道新幹線ではじめて導入

「ＡＴＣ」とはAutomatic Train Controlの略で、自動列車制御装置のことだ。具体的には、列車の速度を地上からの信号・速度情報により自動的にブレーキをかけたり、また制限速度以下になればブレーキを緩めたりする装置である。ただし、この装置では、加速制御は行なわれない。

ＡＴＣは、新幹線のような高速鉄道、地下鉄や長大トンネルなど、運転室から一般的な地上信号を判別しにくい、あるいは見落としの危険があると判断される路線で、安全上の対策として開発されてきた。日本での本格的な実用化は、１９６１（昭和36）年に開業した営団地下鉄（現・東京メトロ）日比谷線で、国鉄では１９６４（昭和39）年に開業した東海道新幹線から始まった。その後、国鉄では営団東西線と直通運転する目的で１９６６（昭和41）年から量産された３０１系電車にも取りつけられている。

国鉄の一般路線への導入のきっかけとなったのは、１９７２（昭和47）年6月23日、「日暮里」駅で発生した京浜東北線と山手線電車の追突事故だった。すでに京浜東北線と山手線は路線分離していたが、当時の日中は［田端］～［田町］間で同一線路を使う運転が行なわれていた。また該当区間では自動列車停止装置「ATS－B型」も備えられていた。

先行する京浜東北線の電車が、［日暮里］駅を出発した直後、客用扉の異常が表示されたため緊急停止した。そのため、列車の後部はまだ［日暮里］駅のホームにかかっている状態で停車していた。そこに後続の山手線電車が入線してきたのである。運転士はホーム途中に停車している京浜東北線の列車に気づいて非常ブレーキをかけたが間に合わず、追突してしまった。幸いに死者は出なかったが、100人以上が負傷する事態となったのである。

在来線ATC導入も京浜東北線から

これにより国鉄では、国電路線にもATSより保安度の高いATCを使用することになり、こうした路線で使うのに適した新たなATCが開発された。

導入は列車密度の高い京浜東北線および山手線から始められることになり、地上設備と車両の準備が行なわれた。

当時の両線では、主力車両となっていた103系電車が使われていた。京浜東北線の場合、1965（昭和40）年から103系の導入が始まり、ようやく1971（昭和46）年にすべての旧型電車を置き換えたばかりだった。

ただし、他線区では導入需要がまだ続いていたため、1973（昭和48）年度以降の103系は主にATC対応車両または準備車両として製造された。この新造のATC対応車を京浜東北線や山手線に入れ、従来型の103系を他線に転属させるといった作業が行なわれた。ちなみに、ATC対応車両は運転台が高い位置に置かれたため、正面の窓の位置が高くなっているのが外観上の特徴だ。

また、このATC対応車両は冷房も搭載されていた。こんにちでは信じられないような話だが、このころから京浜東北線の冷房化も進んだのである。

ATCが最初に使用開始となったのは、京浜東北線［大宮］～［蒲田］間および山手線と赤羽線全線で、すべて1981（昭和56）年12月6日からである。［日暮里］駅の事故から10年近い年月が過ぎていた。

また、1984（昭和59）年1月29日には、京浜東北線［蒲田］～［横浜］間及び根岸線全線でも使用が開始された。これにより京浜東北線は［大宮］～［大船］間の全区間でATCによる運転が行なわれるようになった。

103系車両。同じ103系ながらATCが装備された車両（下）は運転台が高い位置に置かれ、正面からの印象が異なっている。写真は阪和線（上、TRJN CC BY-SA 4.0）、大阪環状線時代（下、Cfktj1596 CC BY-SA 4.0）のもの

新時代デジタルATCも京浜東北線で初導入

よりスムーズな減速と運転効率の向上と

ATCは保安設備として導入が進んでいったが、ブレーキ制御の方式が進化すると、新たなメリットもクローズアップされてきた。

当初のATCは、速度制限をいくつかの段階に分けて減速を制御するスタイルで、「多段ブレーキ制御」と呼ばれている。例えば、時速90キロ、65キロ、45キロ、25キロ、停止といった制限速度が設定され、例えば「65信号」区間に入ったらブレーキをかけ、時速65キロ以下にするものだ。

これに対して、あらかじめ所定の位置に停止するための理想的な減速パターンを定め、それに従って制御する「一段ブレーキ方式」のアイディアが生まれた。段階的なブレーキと異なり、乗り心地がよく、ブレーキ距離の短縮がはかれるというメリットがある。

ブレーキ距離の点からすれば、列車の到達時間を短縮したり、列車の運転間隔を詰めることもできるので、列車本数を増やすことも可能だ。ここから、大都市通勤圏の輸送力増

◉従来のATCのイメージ（多段ブレーキ制御）

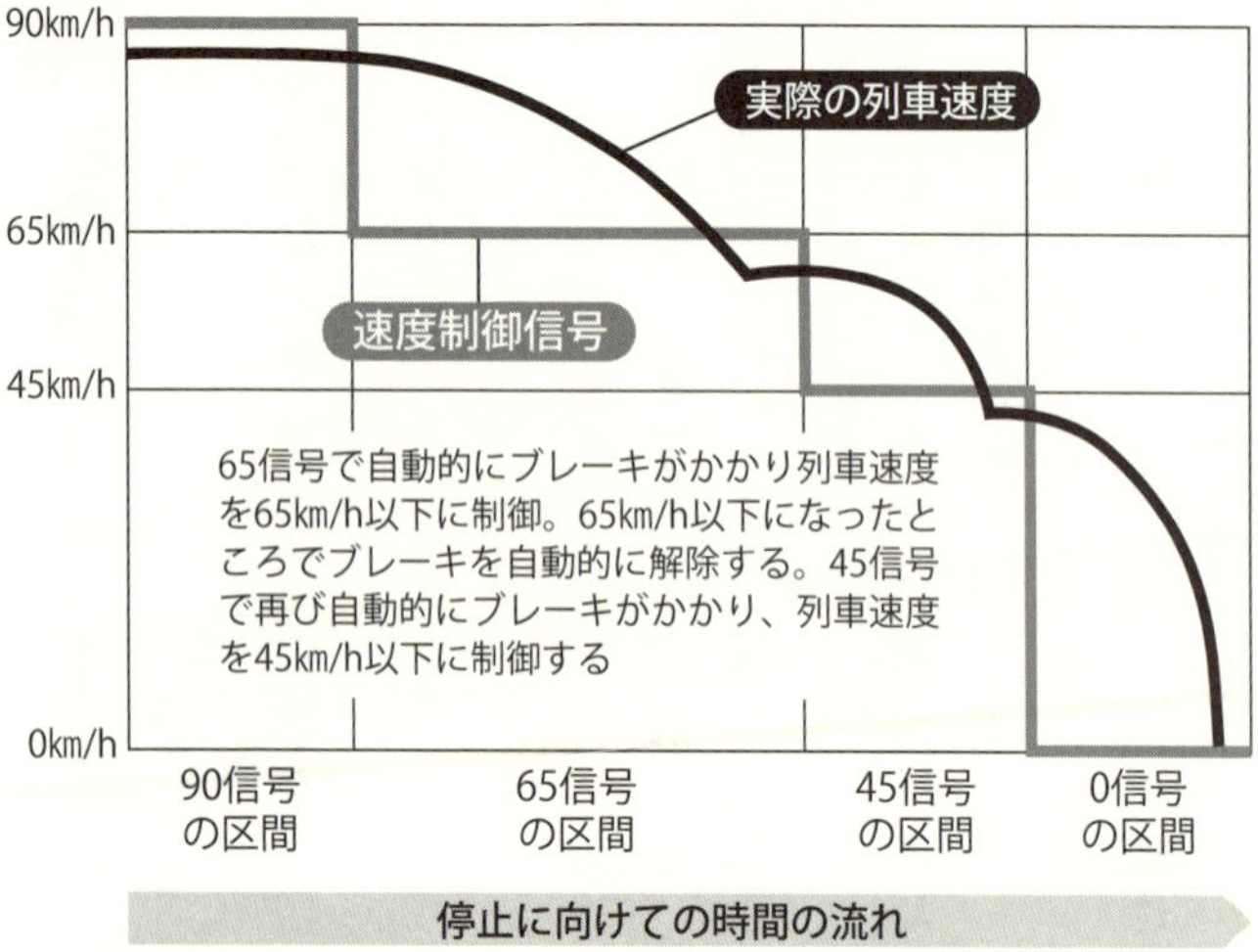

◉デジタルATCのイメージ（一段ブレーキ制御）

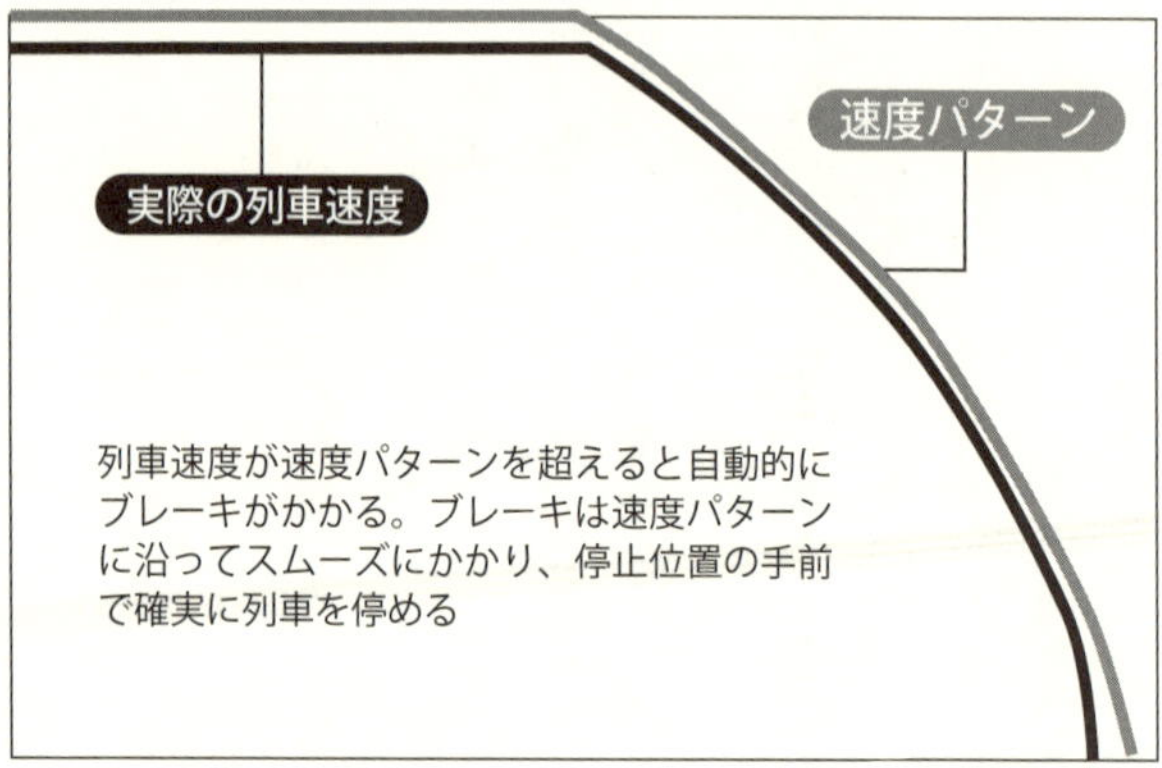

強に効果があると判断されたのである。

まず制限速度を細かく設定する形で東京急行電鉄が実用化、1991（平成3）年から新玉川線（現・田園都市線の［渋谷］〜［二子玉川］間）に導入された。

一方、JR東日本が開発したものは、現在位置と停止位置の情報から最適な減速パターンを見出し、それによって減速制御するものだ。先述の「一段ブレーキ方式」の理想的なかたちである。

従来の信号は、アナログ信号を使っていたが、ここではデジタル信号を使っているため、JR東日本では「デジタルATC（D-ATC）」と呼んでいる。

デジタル信号は、アナログ信号より多くの情報を確実に送ることができるというメリットもある。

デジタルATCの基本的な流れは、以下のとおりである。

①地上装置で列車位置を検出、進路設定や電車を停めてはいけない架線切り替え区間などの情報を織り込んで、停止位置を決定する

②停止位置の情報をデジタル信号に変え、軌道回路（線路）で車両に搭載された車上装置に伝達する

③車上装置は、一定区間ごとに設置された地上装置から位置情報を受信、さらに車軸に

設けられたカウンターで移動量を計測、常に自列車の位置を認識している

④この車上装置には、あらかじめ線路勾配、ポイントや曲線半径などによる制限速度も考慮した減速パターン（JR東日本では「速度照査パターン」と呼んでいる）がデーターベースとして用意されている。車上装置は、②と③の情報から減速パターンを検索する

⑤車上装置は、検索で該当した減速パターンと自列車の位置からその時点での許容速度を計算する。さらに許容速度と自列車速度を比較して、その時点での最適なブレーキ力を計算する

⑥車上装置が算出したブレーキ力を自動的に実行する。その際、減速パターンに沿って列車が減速しているかどうか常に実速度と減速パターンを比較するフィードバック制御も行なう。さらにブレーキが作用するとき、ブレーキが緩む直前にはブレーキ力を弱め、前後の衝動を防いで快適な乗り心地が保たれるような工夫も施されている

このほか、運転台では速度計に車内信号が表示される。ここでは車内信号の状況を示すだけでなく、ＡＴＣブレーキをかける前に表示灯を点灯して運転士に伝えるといった機能もある。

また、先行列車の位置をはじめ、駅のホームや踏切に設置されている列車非常停止装置

による緊急ブレーキの動作理由などの表示も可能だ。なお、表示だけでなく音声出力も行い、運転士への情報伝達がよりわかりやすいものとなっている。

このデジタルATCは、2002（平成14）年12月に開業した東北新幹線［盛岡］～［八戸］間で初めて使用が開始されたが、翌年12月21日からは京浜東北線の［南浦和］～［鶴見］間でも使用されるようになった。

これが在来線初の導入である。その後、京浜東北線では2009（平成21）年8月14日から［大宮］～［南浦和］間、［鶴見］～［大船］間に拡大導入され、全区間がデジタルATCとなった。

当時、京浜東北線は全列車が209系の運行だった。そして、2000（平成12）年11月から徐々にデジタルATCへの対応改造が進められた。デジタルATCへの対応ができない103系は、1998（平成10）年3月で全車両が引退した。

混雑率を10％緩和することに貢献した

このデジタルATCは、2006（平成18）年に山手線、2009（平成21）年に東北新幹線［東京］～［盛岡］間、上越新幹線［大宮］～［新潟］間、2010（平成22）年に東北新幹線［八戸］～［新青森］間、２０１３（平成25）年に北陸新幹線［高崎］～［長野］間、２０１５（平成27）年に北陸新幹線［長野］～［金沢］間、２０１６（平成28）年に北海道新幹線新［青森］～［新函館北斗］間に導入され、使用範囲が広がっている。

デジタルＡＴＣ導入のメリットとして、運転間隔を詰めることなどで列車本数の増加を可能としたことが上げられる。京浜東北線では導入後の２００４（平成16）年３月13日のダイヤ改正から朝のラッシュ時に上下各２本の増発している。これによりピーク時間帯（北行は［大井町］↓［品川］間で７時30分から８時30分まで。南行は［上野］↓［御徒町］間で８時00分から９時00分まで）の運転本数を24本から26本に増やし、［大井町］↓［品川］間の混雑率２２４％を約15％緩和、［上野］↓［御徒町］間の混雑率２２９％を約10％緩和することができたとしている。この区間が当時のＪＲ東日本でもっとも混雑する区間だったのである。

第3章

常に最新鋭！

京浜東北線「電車」の魅力

「京浜線」の車両は何もかもが新しいものだった

こんにちの電車の基本が「京浜線」にあった

京浜東北線のルーツとなる「京浜線」を走った車両は、さまざまな新機軸を組み込んだ最新の電車だった。

当時の国鉄で電車が走っていた路線は、甲武鉄道から引き継いだ中央線と、国鉄が電化延伸した山手線だけである。これらの大半の路線は、蒸気機関車が客車を牽引して走る鉄道として敷設されたものを電化したものだった。しかし京浜線は、当初から電車専用の新設線として設計され敷設されたものである。

まず、電気方式はそれまでの直流６００Ｖから直流１２００Ｖに引き上げられた。中央線や山手線は架線２本を平行に敷設し、ポールと呼ばれる、棒の先端の滑車で集電する方式となっていたが、京浜線は架線１本、パンタグラフによる集電とされたのだ。こんにちに続く電車の基本がここで確立されたのである。なお、中央線や山手線は１９１８（大正７）年から順次架線１本化およびパンタグラフ化を行なっている。

車両は連結運転を基本とする考えかたが採用された。それまでは車両の両側に運転台があったが、片運転台とされた。1両での単行運転はできないが、その分、客室スペースが増え、また車両の製造コストも抑えることができた。編成には電動機のない附随車も組み込むことを想定、主電動機の出力は従来車の倍以上の85キロワットとされた。車体は木造を踏襲したが、車体長は電動車が15メートル級、付随車は16メートル級とされ、車体幅は2・7メートル、高さは3・7メートルと、それまでよりもひと回り大きくなっている。なお、いまの京浜東北線の電車は、長さ20メートル、幅2・95メートルと、さらに大きくなっている。

現在のグリーン車に相当する優等車も登場する

こうした規格のもと、開業に向けて用意された車両は次の3形式50両だった。

デハ6340形　(三等電動車) 20両
デロハ6130形 (二等三等合造電動車) 20両
サロハ6190形 (二等三等合造附随車。運転台はなかったが、当初はクロハ6190形と呼ばれた) 10両

京浜線の開業に向けて用意されたデハ6340形電車

ここで示した等級は、現在でいえば普通車（三等）、グリーン車（二等）に相当する。三等以外の優等車が電車に採用されたのは、この京浜線向けがはじめてだった。

編成は当初デハ6340形＋デロハ6130形の2両編成が中心だったが、ほどなくすべて中間にサロハ6190形を組み込んだ3両編成で運転されるようになった。

興味深いのは、すべての編成に二等車が組み込まれていることだ。京浜線運転開始まで、［東京］から蒸気機関車牽引によって［横浜］止まりの区間列車が運転されていたが、ここにも優等車が連結されていた。それを京浜線電車というで置き換えるという発想のため、優等車が必要とされたようだ。

京浜線の運行が始まったころから、沿線の

開発が進み、利用者が増えていった。当初の出入り口は前後2扉だったが、大正中期にはスムーズな乗降を考慮した3扉車が開発された。また、中央線や山手線の架線1本化およびパンタグラフ化も進み、京浜線との共通運用も可能になってきた。以後、三等車は3線共通で開発・運用されるようになるが、二等車は京浜線専用で使われている。

さらに大正後期には東海道本線の電化が西進し、将来的には熱海駅まで電車運転する構想も出てきた。それまで国鉄で使われていた電車はすべてロングシートだったが、この構想を踏まえ、クロスシートを組み込んだセミクロシートの電車も登場している。のちの近郊形電車の発想だ。残念ながらこの開発途上に関東大震災が発生。中心市街地焼失の影響もあって首都圏の住宅地域が拡大、こうした需要の変化に不向きと判断され、大半がロングシートに改造されている。

二等車の連結は昭和に入ってからも続いた。ただし、運転区間が［桜木町］～［大宮］間となったとき、二等車連結は［桜木町］～［赤羽］間の区間列車に限定された。

1937（昭和12）年に日中戦争が勃発する。京浜工業地帯への通勤輸送が急増し、京浜東北線の混雑が激しくなった。そのため、翌年11月1日をもって京浜東北線の二等車は廃止されてしまったのだ。当初は客室の改造は行なわれず、車体表記を二等車から三等車に書きかえることで対応したという。

こうして二等車の連結は終わったが、京浜東北線では戦後の一時期に復活している。きっかけは戦後に始まった進駐軍専用車両の設定だった。日本で占領政策を進める連合軍総司令部（ＧＨＱ）は国鉄・私鉄に対して専用列車の運行および一般列車への専用車両連結を指示した。京浜東北線の場合、専用車両の連結で対応した。当初は進駐軍専用で運用されたが、１９４７（昭和22）年９月からは余席があれば日本人も利用できるようになり、その際は二等車としてきっぷが必要とされた。

その後、１９５１（昭和26）年９月から進駐軍専用車両の表示が消え始め、京浜東北線では翌年３月15日からは該当車両を正式な二等車として設定している。ただし、京浜東北線の需要はさらに大きくなり、優等車の運用が困難になっていった。結局、京浜東北線では１９５７（昭和32）年６月20日限りで二等車は廃止されている。

重量半分・価格半分・寿命半分で開発された電車

国鉄民営化とともに車両の更新も計画された

1987（昭和62）年4月1日、国鉄の分割民営化によってJRグループが発足した。この日から京浜東北線は、JR東日本に引き継がれた。

車両は、国鉄晩年の信号保安装置のATC（自動列車制御装置）化（［蒲田］～［大宮］間は1981年12月6日から、［大船］～［蒲田］間は1984年1月29日から）で対応車両への置き換えも行なわれていたが、基本的には1965（昭和40）年から導入された103系で運転されていた。国鉄晩年には老朽部品の取り換えや内装リニューアルの特別保全工事も行なわれているが、車齢は20年を超え、その全面的な置き換えが大きな課題となっていた。

同じように103系で運転されていた山手線では、1985（昭和60）年から新型205系の導入による置き換えが始まっていた。205系は、省エネルギー電車として量産された中央線の201系より機器類のコストダウンを狙って国鉄が開発したものだったが、主電動機のメンテナンスに手間のかかるものだった。民営化後しばらくは量産が続いたが、JR東日本ではよりコストダウンをはかった新型車両の研究に入っていた。その結果、山手線では1988（昭和63）年までにすべて205系化されたものの、京浜東北線では1989（平成元）年から翌年にかけて6編成（60両）が導入されただけだった。

車体内外の清掃にまでコストダウンの考えかた

ＪＲ東日本の新型車両は、急速に発達してきた新技術の導入、メンテナンスフリー化、軽量化、そして車両のライフサイクルを合理的に見直すというなどという発想から「重量半分・価格半分・寿命半分」というコンセプトを掲げて開発され、１９９２（平成４）年に９０１系と呼ばれる試作電車として完成した。

基本システムはＶＶＶＦインバーター制御により誘導電動機を使用するものだ。誘導電動機は従来の直流電動機とは違ってメンテナンスフリーに近く、保守の大きなコストダウンがはかれる。またＶＶＶＦインバーター制御の機器もそれまでの高価なものではなく、安価で信頼性の高いものが開発された。

車体・台車は軽量化すると同時に、車体洗浄や室内清掃も容易になるように工夫し、ここでも維持費の軽減を心がけている。車両の軽量化は軌道に与える負担も減り、軌道保守の経費も軽減される。一方、車体の軽量化は耐用年数にも関わってくるが、ここでも新しい思想が導入された。それまで鉄道車両は20年、30年と使われるものが多かったが、老朽化・陳腐化などでメンテナンス費用がかさみ、さらに大規模なリニューアルも必要となる。そのコストを考えると、適当な期間で新車へと置き換えていく方がサービスアップになり、

徹底的にコストダウンがはかられた209系電車

コストダウンにもつながるというものだった。

９０１系は仕様を変えて３編成つくられ、京浜東北線で試用が始まった。そこで得られた知見をもとに１９９３（平成５）年から２０９系として量産、京浜東北線から導入されていった。ここでは「21世紀の通勤電車」という紹介も行なわれ、新生ＪＲの新たな動きを実感させた。

その後、２０９系は増備を重ね、京浜東北線では１９９８（平成10）年３月に国鉄から引き継がれた１０３系がすべて引退した。

なお、９０１系は３編成とも１９９４（平成６）年に量産化改造が行なわれて２０９系（９００番台・９１０番台・９２０番台）に組み込まれた。また、６編成導入されていた２０５系は埼京線に転用され、京浜東北線からは1996（平成8）年までに全編成が撤退した。103系引退と合わせて、当時の京浜東北線はすべて209系で運転されるようになったのだ。

京浜東北線の209系は第二の人生を歩んでいる

引退が早かった京浜東北線の209系

前述のように、209系電車は、「重量半分・価格半分・寿命半分」というコンセプトを掲げて開発された。1993（平成5）年から量産され、京浜東北線から導入されていった。209系はデザイン的にも新鮮なイメージを持ち、まさに「21世紀の通勤電車」を予感させるものだった。

その後も量産増備は続いた。そして1998（平成10）年3月以降、京浜東北線はすべて209系だけ（根岸線～横浜線直通電車は除く）で運転されるようになった。

こうして209系は京浜東北線の顔として活躍していくことになったが、独占的な栄光の時代は10年足らずで陰りを見せることになる。2006（平成18）年、JR東日本は通勤・近郊用汎用電車として新たにE233系を開発した。そして、京浜東北線向けのE233系1000番台も開発され、2007（平成19）年12月から同線へ導入が始まったからである。

E233系の増備に伴って209系の置き換えも行なわれた。わずか3年後の2010（平成22）年1月24日にはすべての209系の運転が終了し、翌25日から京浜東北線はE233系1000番台に統一されてしまった（根岸線～横浜線直通電車は除く）。1993年から2010年まで足かけ18年で、209系は京浜東北線から姿を消したのである。

多目的試験車としても活躍している

さて、京浜東北線での活躍を終えた209系はどうなったのであろうか。

E233系の導入が始まる前、京浜東北線では0番台780両、500番台50両、合計830両の209系が活躍していた。E233系は同数が投入され、209系全車両が京浜東北線から引退となったのである。

まず0番台のうちの437両は廃車となった。「寿命半分」というコンセプトはあったものの、20年も走らないうちに廃車というのは、鉄道車両の常識から考えてかなり短い。

千葉県内の総武本線で第二の人生を歩んでいる209系電車

後述するように転用先のない6扉車はともかく、「本当に廃車にしてしまうんだ」と多くの鉄道ファンは思ったことだろう。

0番台の残り343両は、他の路線に転用して活用することになった。これは、車体の状態がよい、後期製造車両が選ばれている。

このうちの大勢336両は、6両および4両編成に組み換えられ、千葉県下の内房・外房・東金・総武・鹿島線に導入された。転用に際しては編成の組み換えだけではなく、保安装置の変更はもちろんのこと、先頭車両はロングシートからセミクロスシートに変更、中間車にはトイレを設置するなど、大がかりな改造が施されている。車両番号はドアエンジン（ドアを開閉する仕組み）の違いから空気式エンジン装備車は2000番台、電気式エンジン装備車は2100番台となった。この転用により、千葉県下では国鉄時代から引き継いできた211系および113系がすべて置き換えられた。

外観的にはスカイブルーのラインが、カナリアイエローとブルーの2色になったぐらいで、顔つきそのものに差はない。しかし、先頭車両に足を踏み入れると、セミクロス配置の座席でまったく別の車両に思える。最初に乗車したときは、やや硬めのシートに身を任せながら感慨にふけったものだ。

残った0番台の7両は、2008（平成20）年に、在来線用試験電車「MUE-Train」7両編成に改造された。名称は、多目的試験車を示す「MUltipurpose Experimental Train」を略したものだ。

「MUE-Train」による試験内容は、車両の性能向上に関する開発、次世代車両制御システムの開発、営業用車両を用いた地上設備の状態監視用機器の開発などとされている。山手線の最新車両E235系で活用されている情報管理装置「INTEROS」も「MUE-Train」による試験成果を反映したものだ。

なお、7両のうち1両は所定の試験を終えたのちに廃車となったが、現在では6両編成として川越車両センターに所属し、試験使用が続いているようだ。

また、500番台50両は全車両が活用されることになり、40両が京葉線、10両が中央総武緩行線に転属している。

その後、再度の転属などもあり、現在は40両が武蔵野線、10両が京葉線で使われている。

この２０９系投入で、２０１系および２０５系が廃車あるいは転属している。

すでに京浜東北線のラインカラーをまとう２０９系はないが、約半数近くが今でも新たな使命の元に活躍を続けているのだ。

京浜東北線を走っていた6扉車はなぜ消えたのか

6扉車は乗降時間の短縮をはかって導入された

２０９系の増備が続いていた時代、ＪＲ東日本では通勤・通学時のラッシュ対策として新たな試みを始めていた。

ラッシュ対応策の一つとして考えられたのは、適正な列車運転間隔の確保だった。ラッシュ時は、輸送力を確保すべく運転間隔を詰めて運行しているが、どこかで遅延が生じるといわゆる渋滞状態に陥り、かえって輸送力が落ちてしまう。この遅延の原因の一つとなるのが、各駅での乗降時間の増加だ。乗降をスムーズにしていけば、遅延が減少すると判断された。

そこで誕生したのが、6扉車だった。従来、JR東日本の通勤形車両は4扉が基本となっていたが、ドアの有効幅はそのままで二つ増設することで乗降時間の短縮を狙った。さらに座席は折りたたみ式として、ラッシュ時は立席のみとする。これにより収容人員が増え、混雑緩和に貢献するとされたのだ。

試作車は1990（平成2）年にでき、これを山手線10両編成に2両組み込んだ。所定の効果があると判断され、山手線では翌年12月から6扉車を組み込んだ11両編成へと移行した。

やがて、京浜東北線でも6扉車の連結が計画され、1995（平成7）年5月24日から209系6号車に6扉車が組み込まれるようになった。京浜東北線の209系は1993（平成5）年から導入が始まっているが、当初はすべて4扉車で、1995（平成7）年の増備車両から6扉車組み込みとなった。翌年から、オール4扉車編成でも6扉車の組み換えが行なわれ、1997（平成9）年には京浜東北線209系全編成への6扉車連結が完了した。

なお、この移行期、6扉車を連結した編成には先頭車の前面と6扉車の扉の上部に

6扉車は正面向かって左側に「6DOORS」のステッカーが貼られた。
(ja:User:DD51612 CC BY-SA 3.0)

「6DOORS」のステッカーが貼られた。

山手線と合わせて京浜東北線の6扉車も消滅

京浜東北線では、209系の後継として2007(平成19)年末からE233系1000番台の導入が始まったが、これには6扉車が組み込まれていない。これには山手線の動向が関係している。

山手線では2010(平成22)年に始まったホームドア設置に伴い、6扉車を4扉車化することになった。6扉車向けのホームドアは開発が難しく、全車両の4扉車化でホームドアの設置を進めることで対応することになったのだ。

京浜東北線は山手線と別の線路を走ってい

るが、先述のようにリフレッシュ工事などで同一線路を走ることもある。この時、京浜東北線に6扉車が残っていると対応が難しいという理由で、京浜東北線も山手線にならって全車両の4扉車化となった。

山手線では4扉車を新製して置き換えることになったが、京浜東北線では209系からE233系1000番台への置き換えをチャンスに4扉車化している。こうして2010（平成22）年1月25日に京浜東北線のE233系1000番台化が完了、前日の1月24日限りで京浜東北線から6扉車はなくなったのだ。

京浜東北線で活躍するE233系電車とは

毎年数百両の新車投入が必要な首都圏

現在、京浜東北線で活躍しているのはE233系電車だ。2007（平成19）年12月22日から導入が始まり、2010（平成22）年1月25日からE233系1000番台に統一（根岸線～横浜線直通電車は除く）されている。

京浜東北線向けのE233系1000番台（Sui-setz CC BY-SA 3.0）

このＥ２３３系とは、どのような電車なのだろうか。

京浜東北線を運営するＪＲ東日本は、首都圏の通勤・通学輸送用に約８０００両の電車を保有してこれにあたっている。鉄道車両の寿命は概ね20～30年で、単純に考えると毎年２７０～４００両の新車を投入しないと寿命を超えて使用する車両が出てくるわけだ。利用者にとっては、ＪＲ東日本は次々と新車を登場させているイメージもあるが、それはこうした事情もある。

さらに、鉄道車両に活用できる技術も急速に進化を遂げている。

そのため、必要なインターバルのもとに車両開発を進め、常にその置き換えをはかっているのである。

外観はラインカラー以外変わらないが……

既に別項でも述べているように、首都圏の通勤・通学輸送用の車両としては、1992(平成4)年に901系(209系の試作車で、のち209系に統合)、1993(平成5)年に209系、1994(平成6)年にE217系、1995(平成7)年にE501系が登場している。

ここまでは、都心部で使う通勤形電車と周辺エリアと結ぶ近郊形電車に分かれて開発されてきた。

しかし、2000(平成12)年には通勤形電車と近郊形電車のシステムを共通化し、車内のみ「通勤仕様」と「近郊仕様」に分けたE231系(量産車)が誕生した。このころからJR東日本では通勤形電車・近郊形電車という区分けをやめ、「一般形電車」と呼びならわすようになっている。

大きな方向転換が行なわれたこのE231系の後継車両となるのがE233系である。故障に強い車両(輸送障害の低減)、人に優しい車両、情報案内や車両性能の向上、車体強度の向上といったコンセプトのもとにE231系をさらに進化・発展させた車両となっている。

使用する路線ごとに仕様を変えているため、車両番号の番台区分もある。大まかに0番台は中央線系統、1000番台は京浜東北線、2000番台は東京メトロ千代田線乗り入れ、3000番台は東海道・東北・高崎線など、5000番台は京葉線、6000番台は横浜線、7000番台は埼京線、8000番台は南武線となっている。このうち3000番台が近郊仕様で、ほかは通勤仕様だ。

京浜東北線用の1000番台は10両固定編成で、同線伝統のスカイブルーのラインカラーで装っている。保安装置はデジタルATC、後述の超音波ホーム検知装置も取りつけられている。

座席配置は基本となる0番台に準じているが、モケットの色調がラインカラーと同系にした青、0番台に設置されていたドア開閉ボタンもない。

209系と比較すると6号車に連結されていた6扉車が一般的な4扉車となっている。これは、ホームドア設置の条件にも関係しており、E233系では当初から開発されなかったのだ。

京浜東北線から始まったホーム検知装置

ホームからはみ出すとドアが開かない

運行に関しては、安全に停車するシステムの開発・導入が急ピッチで進んできたが、さらなる安全対策も進められた。京浜東北線で２００７（平成19）年初頭に導入された「ホーム検知装置」もその一つだ。

列車がホームから外れて停車して扉が開くと、乗客が線路上に転落する可能性がある。ホーム検知装置は、こうした事故を防ぐために開発されたものだ。

システムは列車の最前部と最後部に超音波センサーを装備、ホームからの反射波によってホームの有無を検知して、ホームから外れている場合は扉を開くことができなくなるというものだ。

超音波センサーは、車体前面の裾、左右に二つずつ取りつけられている。一つは前面下部だが、もう一つは床下と位置をずらしてあるのがポイントだ。これにより水平方向４００ミリ、上下方向１６０ミリが検知範囲となり、ここでホームの有無をチェックする。

最新車両にも設置し活用が広がる

開発にあたって2004（平成16）年11月から翌年9月にかけて京浜東北線209系2編成に設置して実証試験を行ない、検知不安定現象の解消、車掌のドア扱いのタイミングなどとの調整も行なっている。さらに2006（平成18）年8月末から山手線E231系2編成でも実証検査を実施した。ここでは2編成延べ6万3000駅に停車しているが、検知不安定現象は1回も起こらなかった。

こうして2007（平成19）年から当時京浜東北線で運用されていた209系全編成に設置改造が施され、同年3月までに完了している。

また、当時製造が始まっていたE233系では製造時からホーム検知装置を標準装備するものもあり、活用が広がっている。

京浜東北線でもホームドアの設置が加速する

東京五輪を目指し設置が急ピッチで進む

ホームドアは、駅ホームでの安全対策として開発された設備だ。

現在、さまざまなタイプが開発されているが、基本的にはホームの線路際に柵を設置、乗降部には自動開閉式の扉をつけた構造となっている。これにより駅に発着あるいは通過する車両と乗客や荷物の接触を防ぐことができる。

海外では１９６０年代から導入が始まっているが、日本の鉄道では１９７４（昭和49）年に東海道新幹線［熱海］駅での設置が最初だ。

２００６（平成18）年にはいわゆる「バリアフリー新法」が施行され、ホームドアも都市部を中心に全国の鉄道駅で設置されるようになった。国土交通省によると２０１７（平成29）年3月末現在で全国では６８６駅に設置、今後さらなる設置が進められる見込みだ。

特に首都圏では、２０２０年の東京オリンピックを設置目標の一つに見据えている鉄道も多い。

スマートホームドア。軽量で、設置に要する工期も短縮できる

ＪＲ東日本では２０１０（平成22）年に山手線から導入が始まった。京浜東北線では２０１７（平成29）年３月25日から［赤羽］駅で使用が開始されている。

別項でも記したが、京浜東北線は［田町］～［田端］間で山手線と並んで走り、相互の路線を運転することも可能な構造になっている。また、両線とも以前は６扉車も連結されていた。

これがホームドア導入の制約となり、６扉車を一般的な４扉車に交換する作業などもあり、導入に手間がかかっていたのである。

手軽に導入できるスマートホームドア

その後、京浜東北線では、［さいたま新都

心」（２０１７年９月23日から）、「浦和」（２０１７年10月21日から）、「上野」（２０１７年12月20日から）、「大井町」（２０１８年２月14日から）、「鶴見」（２０１８年３月３日から）、「桜木町」（２０１８年８月10日から）と導入が続き、２０２０年度までに19駅、さらに２０３２年度ごろまでに21駅、全47駅（品川新駅を含む）に設置する計画だ。

なお、ホームドアの形状はいくつかのタイプがあるが、ＪＲ東日本では当初、腰位置まで柵があり、扉が左右にスライドするものを使用していた。

その後、軽量で工期短縮も可能な「スマートホームドア」も開発された。京浜東北線では、「大宮」「与野」「蕨」「東十条」「上中里」「鶯谷」「新子安」などの各駅でスマートホームドアの導入を予定している。

「桜木町事故」の教訓を活かして列車の安全対策

車外へ脱出することがほとんどできない構造

京浜東北線の不幸な歴史として「桜木町事故」がある。多数の被害者を出したことで業

桜木町事件で炎上する車両。乗客100人以上が犠牲となる惨事となった

務上の過失として起訴され、「桜木町事件」と呼ばれることもある。

事故は1951（昭和26）年4月24日に起こった。13時40分、「赤羽」発の第1271電車が「桜木町」駅に到着した際、先頭車両のパンタグラフが架線に絡まり火花が発生し、それを火元として車両火災になった。その結果、先頭車両1両が全焼、2両目にも延焼して乗客106人が死亡、92人が負傷する大惨事となったのである。

電車到着時に架線碍子の交換作業中で、それにより架線が垂れ下がってしまっていた。それに対する適切な列車運行停止措置を取らなかったことが原因だったが、電車の構造にも大きな問題があり、被害を拡大させてしまったのだ。

一つは絶縁対策の不徹底で、屋根その他の部分に可燃性材料が使われていたことが問題となった。

また、窓は戦時設計の三段窓だった。窓ガラスの小型化で物資不足をしのぐことができたが、固定式の中段の開口部が狭く乗客が脱出することができなかった。通常の出入り口は自動扉化されていたが、ショートしていて開かない状態になっていた。

非常用ドアコックも設置されていたが、車内がパニックとなっていたため操作されていなかった。

さらに隣の車両に移動するための貫通扉もあったが、鍵がかかっていた。

結局、乗客たちは逃げるすべなく閉じ込められた状態になってしまったのである。

木製の車体から全金属製電車の完成へ

国鉄は事故後、ただちに電車事故防止対策委員会を設置し、緊急特別改造工事と戦時型電車（63形）の更新修繕を進めた。改造工事の内容は、貫通扉を引き戸式に改造、車両間の幌を新設、非常用ドアコックの増設、警報装置の新設、パンタグラフの二重絶縁化、防火塗料の塗装などだった。

また、63形の更新修繕は三段窓の中段も可動式に改造、木製だった天井板を鉄製に張りかえ、全面的な絶縁強化を行なった。また、運転室つきの車両が中間部に入る編成では、該当車両の運転室を撤去して貫通扉を設けた。これは63形に留まらず78形や79形でも実施されている。

緊急特別改造工事は同年10月末、更新修繕は2年後に全車両完了している。

また、電車の不燃化対策を徹底するために全金属製電車が設計され、これは1956(昭和31)年にモハ72形920番台、クハ79形920番台が開発されている。それまでは、窓枠や床、天井などには木材が使われていた車両もあったのだ。その翌年にはのちに101系として量産される新性能電車の試作車が登場するが、その設計には全金属製電車の経験が活かされたのだ。

第4章 京浜東北線 各駅物語

OMY
JK 47

大宮

おおみや

日本有数の巨大ターミナル駅

鉄道と縁が深い街

［大宮］駅はさいたま市大宮区錦町にある、京浜東北線の始発駅。通勤電車だけではなく、東京と東北・上信越・北陸方面とを結ぶ新幹線や在来線が行き交う、首都圏屈指の駅である。東北方面と上信越・北陸方面に向かう列車は、この駅でそれぞれの方面へと分岐する。

駅の中央改札の目の前にはインフォメーションセンターがあり、その西隣には、待ち合わせ場所としておなじみのモニュメント、愛称「まめの木」が設置されている。これは、［大宮］駅開業100周年と埼京線開業記念を兼ねて、日本交通文化協会の発注により、造形家・伊藤隆道氏が制作した巨大なパブリックアートである。

そして、中央改札（南）を通過してすぐ左手には、［大宮］駅開業120周年を記念して設置された郵便ポスト「かえるポスト」がある。これは「鉄道の街」大宮をイメージして、鉄道車両の部品を利用して製作されたもの。駅の利用客が「無事に帰る」ことを願って名づけられた。

［大宮］駅の北には、「大宮総合車両センター」がある。毎年5月には「鉄道ふれあいフェア」が開催され、鉄道ファンで賑わっている。同センターに隣接して、２００７（平成19）年に「鉄道博物館」も開館するなど、大宮は「鉄道の街」として名を高めている。２０１８（平成30）年7月には、鉄道博物館新館がオープンした。

［大宮駅］構内に設置された「かえるポスト」は、鉄道車両の部品を利用してつくられている。実際に投函可能である（Lover of Romance CC BY-SA 4.0）

また、２０１７（同29）年には、［大宮］駅の西口コンコース内に、ＪＲ東日本グループが手掛ける鉄道グッズの専門店の第1号店、「ＧＥＮＥＲＡＬ ＳＴＯＲＥ ＲＡＩＬＹＡＲＤ」が開業した。およそ５００種類の商品が所狭しと並び、鉄道ファンならずとも楽しめるスポットだ。

京浜東北線の起点となる駅

ＪＲの在来線では、京浜東北線以外に、宇都宮線、高崎線、埼京線、川越線、湘南新宿ラインが発着。さらに、東北・山形・秋田・北海道・上越・北陸新幹線も停車する。また、こうしたＪＲの路線だけではなく、東武鉄道野田線、埼玉新都市交通が発着している。

［大宮］駅は、１８８５（明治18）年3月16日に開業。私鉄の日本鉄道が、［上野］駅～［熊谷］駅の路線（現・高崎線）を開通させた2年後の開業だ。京浜東北線が延伸して、［赤羽］駅～［大宮］駅を開業させたのは１９３２（昭和７）年になってからのこと。

コンコースと改札が2階にあり、上野・池袋方面側には「エキュート大宮」が、宇都宮・高崎方面側には「Ｄｉｌａ大宮」があり、駅ナカ商業施設が充実している。

ＪＲ東日本グループは駅を活性化させる事業として、駅構内に商業施設を置く「エキュート」を展開しているが、エキュート大宮はその第1号店で、２００５年に開業した。お土産や弁当を買ってすぐに列車に乗車できる、帰宅時に下車してちょっとした買いものができるなどの利便性が受け、多くの利用客を集めた。その後、多くの駅でいわゆる「駅ナカ」の商業施設が追随している。

メインとなる中央改札（北・南）のほか、新幹線ホーム側に近い西側に、南改札、北改

大宮総合車両センターで開催される「鉄道ふれあいフェア」では、さまざまなイベントが行なわれている（Hyper Maniac Man CC BY-SA 4.0）

札もある。それぞれの改札を抜けると東西連絡通路に出て、東西の出口に抜けられるほか、新幹線の乗り換え口に向かうことができる。

東口には、コンコースで直結している駅ビル「ルミネ大宮１」があり、西口にも埼京線・川越線乗り換え階段とつながる「ルミネ大宮２」が増設された。

交通の要衝でもあり、充実した商業施設などと相まって、［大宮］駅の利用客は多い。在来線の１日当たりの平均乗車人員は25万５１４７人で、埼玉県内では最も多い。東武鉄道［大宮］駅の１日当たりの平均乗降人員は13万７３０９人、埼玉新都心交通［大宮］駅の１日当たりの平均乗降人員は２万２９６６人（２０１６年度）となっている。

JK 46

さいたま新都心

さいたましんとしん

「さいたま新都心」は旧国鉄の大宮操車場の跡地

近未来的な駅舎は必見

「さいたま新都心」駅はさいたま市大宮区吉敷町にある駅で、さいたま新都心の街開きにあたって、2000（平成12）年4月12日に開業した、埼玉県内の京浜東北線の駅では一番新しい駅だ。もともとは「大宮操（操車場という意味）」駅という、貨車を仕分けていた駅だったが、その敷地の大部分を再開発にあて、「さいたま新都心」駅となった。

JRの京浜東北線のほか、宇都宮線・高崎線が発着している。停車するのは普通列車のみで、宇都宮線の快速「ラビット」、高崎線の「アーバン」といった列車はすべて通過となる。湘南新宿ラインも、ホームのない貨物線を通るため通過となる。

駅の構造は、島式ホーム2面4線を有する地上駅で、橋上駅舎を持つ。

1階のホームから2階の改札を抜けると、東西自由通路を通じて、東口、西口へ出ることができる。自由通路の西側には、「さいたま新都心観光案内所」がある。この東西自由

グッドデザイン賞を受賞した、［さいたま新都心］駅の東西自由通路

通路が日本産業デザイン振興会の「グッドデザイン賞」を受賞している。駅舎全体も、「鉄道建築協会賞」に入選、「彩の国さいたま景観賞」も受賞した。

西口には国内最大級を誇る多目的ホール「さいたまスーパーアリーナ」や「さいたま新都心合同庁舎1号館」などがある。

東口には、商業施設「コクーンシティ」、「ヨドバシカメラマルチメディア」などが建ち並んでいる。

とくに、さいたまスーパーアリーナは人気のスポーツイベントやコンサートが開かれることが多く、さまざまな乗客層が、［さいたま新都心］駅を利用する。

駅の1日当たりの平均乗車人員は5万4255人。

JK 45

与野 よの

「与野」と付く駅のなかで一番歴史が古い

旧中山道の老木のオブジェが迎えてくれる

「与野」駅はさいたま市浦和区上木崎にあり、京浜東北線の電車のみが発着している。2001（平成13）年の市町村合併で与野市が消滅して「与野」の地名は消えてしまったが、昔の名残として「与野」の駅名が使われている（ほかにも「与野」と付く駅は四つある）。

1912（大正元）年11月1日、すでに開通していた「浦和」駅〜「大宮」駅間の新駅として開業。もともと「大原信号場」として機能していた場所を拡張してつくられた。

大正元年の開業にちなみ、大正80年目の節目にあたる1991（平成3）年から毎秋、「大正まつり」を「与野」駅の西口で開催している。

駅の構造は、島式ホーム1面2線を有する地上駅で、橋上駅舎を持つ。埼玉県内の京浜東北線各駅では、ホームの番線番号が少ないほうが南行、多いほうが北行だが、「与野」駅は逆で、1番線が北行、2番線が南行となっている。

改札を抜けて2階のコンコースに出ると、直径1メートルほどの切り株のオブジェが目に入る。これは、もともと駅前通りと旧中山道の交差点にそびえていた推定樹齢300年のケヤキの大木の切り株だ。しかしついに倒木の危険が心配され伐採されたが、長年、地元の人々から「大原の大ケヤキ」と呼ばれ親しまれていたことから、改札前に鎮座する運びとなった。

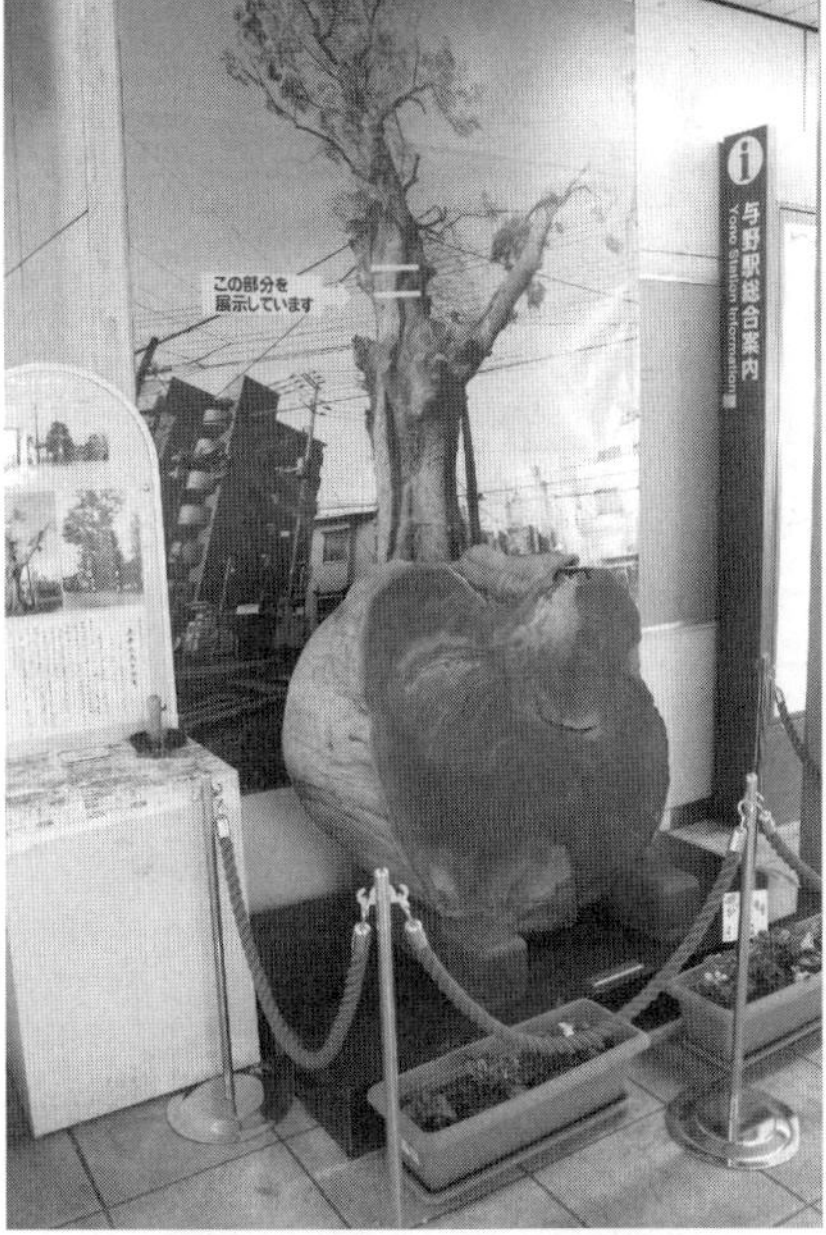

改札口前に置かれている「大原の大ケヤキ」の切り株

改札を抜けると東口、西口に分かれるが、メインは広いロータリーのある西口で、東口はとくに駅前広場もなく裏口という雰囲気である。

駅の1日当たりの平均乗車人員は2万6232人。

なお、「与野」駅の1・2キロほど西には、埼京線の「与野本町」駅がある。

JK 44

北浦和

きたうらわ

浦和レッズのホームだったスタジアムの最寄り駅

文教地区らしいスポットが点在

［北浦和］駅はさいたま市浦和区北浦和にある。すでに開通していた京浜東北線の［浦和］～［与野］駅の間に、1936（昭和11）年9月1日、周辺の住民の請願によって開業した。当時は東口のみだったが、1947（同22）年に西口が開設され、少しずつ周辺も整備されていった。

駅前ロータリーから少し歩き、「北浦和駅交差点」の手前、国道17号の交差点のそばには碑が建てられている。これは1968（同43）年の駅舎改装をもって、長期にわたる整備が終了した記念の碑で、「北浦和駅西口開設記念碑」と刻まれている。碑の文字は「新幹線の生みの親」と称される4代国鉄総裁・十河信二が揮毫した。

駅の構造は、島式ホーム1面2線を有する地上駅で、橋上駅舎を持つ。駅舎は役所の建物のような雰囲気の3階建て。改札を抜けて東口、西口両方に、バス乗り場とタクシー乗

［北浦和駅］駅西口近くにある北浦和公園。埼玉県立近代美術館などがあり、文教地区らしい雰囲気だ

り場がある。

駅の1日当たりの平均乗車人員は5万2872人で、さいたま市内では4番目に多い。

なお、当駅から西へ1・5キロほど行ったところには埼京線の「南与野」駅がある。

駅から1・1キロほど東には、野球やテニスなどができる「浦和総合運動場」があり、さらに1キロほど進むと、Jリーグの「浦和レッドダイヤモンズ」がホームスタジアムとしていた「浦和駒場スタジアム」がある。現在でも浦和レッズのファンからは「聖地」と呼ばれているこのスタジアムへのアクセスは、バスを利用するなら隣の「浦和」駅のほうが便利だが、徒歩で行くなら「北浦和」駅が最寄りである。

また、西口から200メートルほど西には

「北浦和公園」と「浦和北公園」がある。

「北浦和公園」には建築家・黒川紀章が設計した「埼玉県近代立美術館」が建つほか、音楽噴水や20を超える彫刻作品があり、老若男女問わず楽しめる。「浦和北公園」は埼玉大学の跡地で、池や滝があるほか、テニスコートやゲートボール場もあり、通称「高齢者憩いの公園」と呼ばれている。

URW JK 43

浦和《うらわ》

埼玉県を代表する玄関口の一つといえる駅

大宮駅に次ぐ乗車人数

さいたま市浦和区高砂にある駅。京浜東北線のほか、宇都宮線・高崎線、湘南新宿ラインが発着している。

1883（明治16）年7月28日、［上野］駅〜［熊谷］駅の開業にあたって開設され、東北線の駅では［上野］駅などともに最も古い駅である。埼玉県庁舎、さいたま市役所の

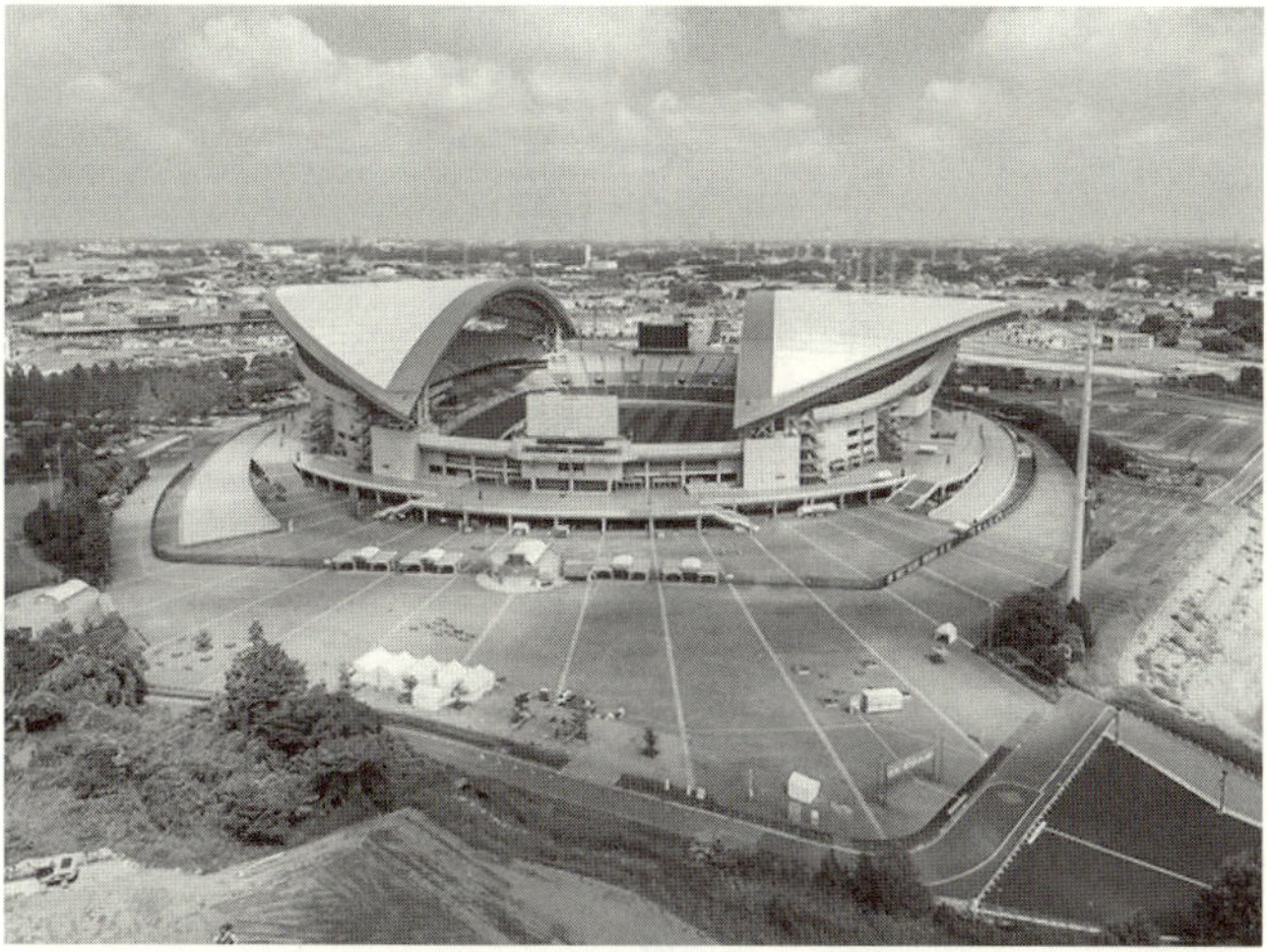
埼玉スタジアム2〇〇2。2002 FIFAワールドカップの日本開催のためにつくられたサッカー専用スタジアム。日本最大規模の約6万4000人を収容できる。2003年からは浦和レッズのホームスタジアムとなっている

最寄り駅でもある。

1日当たりの平均乗車人員は9万2735人で、埼玉県内のJRの駅としては、2番目に多い人数となっている。

駅の構造は、島式ホーム3面6線を有する高架駅で、高架下にある中央改札を抜けると、東口と西口に抜けるコンコースがある。2015（平成27）年には駅ビル「アトレ浦和」が開業し、アトレ北口改札もつくられた。駅の東口、西口ともに、バスターミナルとタクシー乗り場がある。

Jリーグ浦和レッズの現在の本拠地「埼玉スタジアム2〇〇2」や「浦和駒場スタジアム」へのバスも東口から出ている。

京浜東北線の上野・東京方面へのホームの発車メロディには、浦和レッズの公式応援歌『Keep On Rising』が使用されている。

また、西口地下通路は「浦和サッカーストリート」という愛称がつけられている。古くからサッカーが盛んだった浦和のサッカーの歴史や、浦和レッズのクラブ情報を紹介する空間としても利用されている。

JK 42

南浦和《みなみうらわ》

京浜東北線と武蔵野線の結節点となる駅

駅の混雑を分散させるため高崎・宇都宮線は通過

［南浦和］駅はさいたま市南区南浦和にあり、京浜東北線、武蔵野線が発着している。東京方面から来る京浜東北線のおよそ半分は［南浦和］駅で折り返し運転となる。駅の2・3番線がさいたま車両センター（旧・浦和電車区）へ通じる折り返し線となっている。

1日当たりの平均乗車人員は5万9828人で、埼玉県内のJRの駅としては、7番目

［南浦和］駅。地上に京浜東北線のホームがあり、十字に交差するように武蔵野線の高架ホームがある

に多い数字である。

また、南北に延びる京浜東北線と、東西に延びる武蔵野線の接続駅ということもあり、武蔵野線の乗降人員は同線内で一番多い。そのため、宇都宮線・高崎線は当駅には止まらない。これは、駅自体のスペースがそれほど広くないため、これ以上の混雑を防ぐためである。

駅の構造は、京浜東北線は島式ホーム2面4線を有する地上駅。そして、京浜東北線のホームに対して十字に交差するように高架が延びており、武蔵野線のホームがある。武蔵野線は相対式ホーム2面2線を有する高架駅である。

京浜東北線の下り、上野・東京側に改札が1カ所あり、東口、西口へと抜けることができる。タクシー乗り場とバスのロータリーは東口と西口ともにあるが、バスの発着は西口がメインである。

［南浦和］駅は、［蕨］駅～［浦和］駅の間に、1961（昭和36）年7月1日、請願駅として開業した。さらに1973（同48）年には武蔵野線が開業し、当駅の隣には［東浦和］駅、［西浦和］駅という二つの新駅ができたため、［浦和］駅のほかに、鉄道の駅名として東西南北が付いた「浦和」が勢揃いすることになった。鉄道の駅名で東西南北が揃うのは、今のところ「浦和」のみである。

これらのほかにも「浦和」という名がつく駅としては、埼京線の［中浦和］駅、［武蔵浦和］駅、埼玉高速鉄道の［浦和美園］駅がある。

駅周辺では、南浦和商店会が中心となり「うらわぐりる研究会」を発足させ、ご当地グルメを開発している。「うらわぐりる」の定義は、どんな料理であれうなぎのタレ仕立てにするというもの。これは、浦和がうなぎの名所ということからきている。現在、［南浦和］駅周辺の飲食店10軒が、オリジナルの「うらわぐりる」メニューを提供している。

JK 41

蕨

わらび

意外にも新幹線車両の発祥地だった駅

全国で最も面積が狭い市の玄関口

［蕨］駅は蕨市中央にあり、蕨市と川口市の市境に近い場所にあたる。蕨市唯一の鉄道駅。私鉄の日本鉄道が［上野］駅～［熊谷］駅の路線を開通させてから10年後の、1893（明治26）年7月16日、請願駅として開業した。駅の西口の階段を下りたところには「蕨驛開設記念碑」が建っている。

駅の構造は、島式ホーム1面2線を有する地上駅で、橋上駅舎を持つ。

東口周辺は、蕨市内で最も賑わっているエリアである。一方、西口を出て北へ進むとすぐに川口市となる。

西口から徒歩8分ほど北西に歩くと「川口芝園団地」がある。

近年は、外国人住民の割合が非常に多いことで知られるが、ここは日本車両製造の蕨工場の跡地で、京浜東北線など6本の線路の西隣に、工場への引き込み線の一部とクリの木多くの枕木が残っている。

同工場は1934（昭和9）～1970（同47）年の36年間稼働したが、この間、多くの鉄道車両が製造された。なかでも、東海道新幹線の試作車両の製造で知られている。［蕨］駅はいわば、新幹線車両の発祥地でもあった。

工場で製造された車両は、新幹線車両も含め、工場への引き込み線を経由して在来線へ入って輸送された。

駅の東西両方にバスターミナルやタクシー乗り場があり、西口は再開発が予定され、駅前広場も拡大予定だ。

1日当たりの平均乗車人員は6万8856人で、埼玉県内のJRの駅としては、6番目に多い。

蕨市は全国で1番面積が狭い市である一方で、人口密度は全国の市町村で一番高い。このことを踏まえると、うなずけるデータである。

現在は都心のベットタウンとなる住宅街が広がっているが、江戸時代には「蕨宿」が置かれていて、中山道の宿場町として栄えていた。

余談だが、JRの全駅を五十音順に並べると、一番最後がこの駅である。

JK 40

西川口

にしかわぐち

チャイナタウンとして進化中の街の入り口

利便性が高い立地で外国人が流入

［西川口］駅は川口市並木にあり、川口市の北部、蕨市との境に近いところに位置する。1954（昭和29）年9月1日の開業時は、空き地が目につくような地域だったが、駅を中心に街が発展を遂げた。

駅の構造は、島式ホーム1面2線を有する地上駅で、橋上駅舎を持つ。この駅舎は、国鉄初の橋上駅舎でもある。

改札を出ると線路を挟んで東口、西口に出るが、東口には駅ビル「Beans西川口」が併設されている。

「Beans西川口」の前と、西口の駅前にはそれぞれバスロータリーがあるが、バスは主に東口で発着している。

［西川口］駅の1日当たりの平均乗車人員は5万7444人で、埼玉県内のJRの駅とし

ては、８番目に多い数字である。

かつて「西川口」駅周辺は風俗街として発展し、一時期は風俗店が３００軒ほどあったという。しかし、２００４（平成16）年に埼玉県警が「風俗環境浄化重点推進地区」に指定し、街全体で防犯や環境浄化に取り組んだ結果、多くが廃業。

その一方で、風俗客によって賑わっていた飲食店の経営が悪化するという皮肉な弊害もあった。

そんななか、２００８（同20）年に埼玉県のご当地グルメのイベントで、西川口の中華料理店「異味香（イーウイシャン）」の「焼焼売（やきシューマイ）」が注目を浴び、そこから食による街おこしが始まった。

また、風俗街だった昔のイメージにとらわれない中国人が空きテナントに入居して中華店を開くことが増え、近年では「新チャイナタウン」として評判を高めている。駅前こそチェーン店が軒を連ねるが、さらに足を進めると、中国に迷い込んだかのような街並みを覗くことができ、もちろん本場さながらのグルメも楽しめる。

開業60周年であった２０１３（同25）年には、「西川口」駅のゆるキャラとしてアシカの「ニシカちゃん」が生まれ、「西川口」駅界隈のＰＲを担っている。

JK 39

川口

かわぐち

埼玉県の最南端の玄関口となる駅

東京に通う「埼玉都民」の街

［川口］駅は川口市栄町に位置する。京浜東北線の埼玉県にある駅としては最南端に位置する。１９１０（明治43）年9月10日、［川口町］駅として開業。その後、川口町が川口市に移行するに伴い、１９３４（昭和９）年に［川口］駅に改称した。こうした流れに伴い、東北本線（現・いわて銀河鉄道線）に既にあった［川口］駅は、［岩手川口］駅に改称された。駅の構造は、島式ホーム１面2線を有する地上駅で、橋上駅舎を持つ。駅前はペデストリアンデッキが整備されていて、東口は「そごう」、「キュポ・ラ」、「かわぐちキャスティ」など大型の商業施設が建ち並ぶ。一方、西口は「川口西公園（リリアパーク）」が南北に広がっていて、地元の人たちの憩いの場となっている。

周辺は川口市内の中心的なエリアとして賑わっている。

駅の東口、西口にバスターミナルやタクシー乗り場があるが、バスはおもに東口に発着

駅名看板は地場産業を象徴する鋳物製。鉄道建設に活躍したSLの姿も

している。

　１日当たりの平均乗車人員は8万４２３１人で、埼玉県内のＪＲの駅としては、３番目に多い数字である。

　川口市は、江戸時代から続く鋳物の街として知られ、１９６２（昭和37）年に封切られた映画「キューポラのある街」（吉永小百合主演）の舞台ともなった。キューポラというのは溶解炉のことで、鋳物産業の盛んだった１９８０年代までは、炉から突き出た煙突が街じゅうに立っていた。しかし、こうした鋳物工場は、転廃業や市外への移転などでしだいに少なくなり、工場跡地にはマンションが立ち並ぶようになった。

　こんにち、「キューポラのある街」を忍ばせるものは、駅南側のショッピングセンターの「キュポ・ラ」という名称、あるいは［川口］駅の駅舎の駅名標が鋳物製であるといったところだ。

ABN JK38

赤羽《あかばね》

長年にわたる改良を経て、利便性が高まった駅

鉄道観賞の穴場スポットもあり

［赤羽］駅は北区赤羽にあり、京浜東北線上の東京都の駅としては最北端に位置する。1885（明治18）年3月1日に開業。京浜東北線のほか、宇都宮線・高崎線、埼京線、湘南新宿ラインが発着している。

駅の構造は、島式ホーム4面8線を有する高架駅。南北の改札口を持ち、北側には駅ナカ施設「エキュート赤羽」があり、買い物や飲食ができる。隣接する駅ビル「ビーンズ赤羽」は北改札と直結している。北改札口を利用すると、タクシー乗り場、バスロータリーのある西口、東口に近い。

「撮り鉄」の聖地の一つ赤羽八幡神社。新幹線をはじめとして、さまざまな種類の在来線の車両の通過を楽しむことができる

［赤羽］駅の1日当たりの平均乗車人員は9万5851人で微増傾向にある。［赤羽］駅を境として、京浜東北線、宇都宮線・高崎線は東側に、埼京線、湘南新宿ラインは西側へと分岐するため、埼玉県の住民をはじめ、北部から都心へとアクセスする場合に、ここ［赤羽］駅で乗り換える客も数多い。そのため、長い年月をかけ改良を重ね、利便性の高い駅へと変貌を遂げた。

さて、北区は、かつて旧陸軍の施設が多く置かれ、「軍都」と呼ばれることもあったほど。［赤羽］駅の北東側にも軍用の線路が敷かれていた。現在、跡地は約1キロにわたり赤羽緑道公園として整備されていて、歩道のタイルはレールと枕木模様だったり、歩道橋の柵には列車の動輪のような飾りがついたりしている。

また、［赤羽］駅から800メートルほど北東には赤羽八幡神社があり、参道を上がる途中で振り返ると新幹線が見える。境内からも新幹線や埼京線が走る姿を望め、鉄道鑑賞の穴場となっている。

JK 37

東十条《ひがしじゅうじょう》

埼京線や東京メトロとの連携が便利な駅

鉄道ファンに人気の「ヒガジュウ」

［東十条］駅は北区東十条にあり、京浜東北線のみが発着している。1931（昭和6）年8月1日、［下十条］駅という名称で開業し、1957（同32）年、［東十条］駅に改称した。

駅の構造は、島式ホーム2面3線を有する地上駅。各ホームの大宮方面にはエスカレーターとエレベーターが、上野方面には階段があり、その先の改札を抜けると、それぞれ北

［東十条］駅南口近くの十条跨線橋とその銘板。19世紀イギリスでつくられた鉄道橋である

口、南口へ出る。接続交通はなく、南北の出口には駅前広場のようなスペースもない。

JR［東十条］駅の1日当たりの平均乗車人員は2万3796人で、京浜東北線の駅のなかでは、3番目に少ない。当駅から500メートルほど西側には埼京線が発着している［十条］駅があり、1日当たりの平均乗車人員は3万6991人である。また、1キロほど東側には、東京メトロ南北線の［王子神谷］駅があり、1日当たりの平均乗降人員は3万5406人である。［東十条］駅から［王子神谷］

駅に至る東十条商店街は戦前から続く古い商店街で、１６０ほどの店舗が軒を並べている。折にふれてさまざまなイベントも行なわれ、いつも賑わっている。

〔東十条〕駅と〔王子神谷〕駅の間には、２０１４（平成26）年まで、ＪＲ貨物の〔北王子〕駅があり、〔北王子〕駅〜〔田端信号場〕駅を結ぶ北王子線が走り、宮城県石巻市の製紙工場から紙が輸送されていた。

〔北王子〕駅の跡地にはマンション「ザ・ガーデンズ東京王子」が建ち、かつての面影はないが、その近くには行き場を失った線路が残る。

また、界隈は鉄道写真の撮影地として人気が高く、ファンたちの間では通称「ヒガジュウ」と呼ばれている。普通列車のほか、特急・臨時・回送・貨物・列車などさまざまな鉄道が通過し、東京スカイツリーを背景に入れた撮影もできる点が魅力だ。

〔東十条〕駅南口に隣接した道路の跨線橋は、かつて鉄道の橋梁として使われていたものを転用して使っている。旧鉄道橋というだけでも珍しいが、この橋梁には製造時の銘板がいまでも残っているのだ。ペンキで厚く塗られ文字は見難いが、「COCHRANE　」「1895」「DUDLEY」「ENGLAND」の文字が読み取れる。つまり、19世紀のイギリスでつくられた橋梁なのだ。

JK 36

王子《おうじ》

都電や地下鉄も発着している北区の中心の駅

鉄道鑑賞スポットも点在

[王子] 駅は北区王子にあり、京浜東北線が発着しているほか、東京メトロの南北線、都電荒川線（王子駅前停留所）も発着している。1883（明治16）年7月28日、[上野] 駅～[熊谷] 駅（現・高崎線）の開通にあたって開業した、古い駅である。

駅の構造は、盛り土の上に島式ホーム1面2線を有する高架駅。ホームの端、赤羽・大宮方面と、東京・横浜方面から改札に向かい、それぞれ北口、南口に出る。

ホーム中ほどから中央口の改札に出ることも可能だ。

東京メトロの南北線に向かうには、北口、あるいは中央口が便利。都電荒川線なら中央口が便利である。また、北口の改札を抜けて東側に出ると、バスターミナルやタクシー乗り場がある。

南口には、[王子] 駅と飛鳥山公園を結ぶ、アーチ型の「飛鳥山下跨線人道橋」がある。

［王子］駅近くの飛鳥山公園に保存されている都電の車両と蒸気機関車D51

1925（大正14）年開通で、橋の一部は古いレールを再利用した跨線橋である。ここからは、在来線や貨物線が真下を走る姿を見られるほか、新幹線がすぐ脇を走り抜ける様子を間近で見ることができる。

一方、北口から300メートルほど北にある「北《ほく》とぴあ」の展望ロビー（無料）から鉄道を望むのもいい。

飛鳥山公園には都電荒川線の古い電車6080号と、1972（昭和47）年まで羽越線を走っていた蒸気機関車D51形853号機が保存されている。

JR「王子」駅の1日当たりの平均乗車人員は6万4797人で微増傾向にある。東京メトロの「王子」駅の1日当たりの平均乗降人員は6万3317人となっている。

JK 35

上中里

かみなかざと

京浜東北線としては一番利用客が少ない駅

車両好きには嬉しいスポットが点在

［上中里］駅は北区上中里にあり、1933（昭和8）年7月1日に開業。

駅の構造は、島式ホーム1面2線を有する地上駅で、駅舎は橋上にある。［上野］駅などと同様に、レールを曲げてホームの屋根の支柱にしているのも特徴。上野方面寄りにエスカレーターと階段があり、右手の改札を抜けて、ホームの西側に出る。駅前にタクシー乗り場はあるが、とくに接続交通はない。

1日当たりの平均乗車人員は7708人。一時は期減少傾向にあったが、ここ数年はわずかながら増加している。京浜東北線の駅としては、一番少ない数字であり、東京23区内のJRの駅のうちでも2番目に少ない数字である。

当駅から1キロほど東側には宇都宮線・高崎線が発着している［尾久］駅があり、両駅の間には、JR東日本の車両基地「尾久車両センター」がある。尾久車両センターでは、

尾久車両センター。約29万6000平方メートルの広大な敷地に広がっている（Copi-o CC BY-SA 3.0）

毎秋「ふれあい鉄道フェスティバル」が開かれていて、鉄道ファンが大勢集う。また、「上中里」駅から1・5キロほど北西に行くと、都電荒川線の荒川車庫前停留所がある。その名称どおり、荒川車庫が設けられている。ここには「都電おもいで広場」があり、1967年まで使われていた5500形、旧7500形の車両を目にすることができる。また、都電にまつわる展示を無料で見学できる。

一方、駅の西側に出て南下し、本郷通りを左に進むとみごとなバラが咲き誇る「旧古河庭園」があり、右に進むとアスレチック遊具などを備える「滝野川公園」に着く。旧古河庭園は国指定名勝に指定されていて、地形を生かした洋風・日本庭園や由緒ある洋館を見学できる。滝野川公園の少し先には東京メト口南北線の［西ケ原］駅がある。

JK 34

田端《たばた》

山手線が発着している最北の駅

常磐線の起点は田端駅だった

京浜東北線のほか、山手線が発着している。［田端］駅は北区東田端にあり、北区の駅としては最南端・最東端に位置する。

駅の構造は、島式ホーム2面4線を有する地上駅で、橋上駅舎を持つ。各ホームの大宮方面、池袋・新宿方面の端に、エスカレーター、エレベーターがあり、これらを利用して階を上がればメインの北改札口へと出る。北口には2008（平成20）年に開業した3階建ての駅ビル「アトレヴィ田端」が隣接している。一方、南口にも改札口と小さな駅舎があり、駅の南西側に出る。

アトレヴィ田端のエレベーター、あるいは3階の飲食店の窓からは、高架を走る新幹線

［田端］駅に隣接した［田端信号場］駅を発車する貨物列車。新幹線のほか、さまざまな車両を見ることができる

を眺めることができる。

また、北口を出て駅前広場にある公衆トイレ脇の階段を上って地上に出ると、眼下に［田端］駅が見える。その奥には新幹線の高架線が続き、さらに向こうには東京スカイツリーの姿が見える。新幹線と東京スカイツリーを一望できるポイントして、鉄道ファンにも人気のスポットだ。

［田端］駅は、東北線の前身となる私鉄の日本鉄道の駅として、1896（明治29）年4月1日に開業した。当時、日本鉄道は［上野］駅をターミナルとして東北線を全通させ、常磐線の前身となる路線の建設にも着手していた。現在の常磐線は［日暮里］駅から分岐しているが、もともとは［田端］駅が分岐のための駅として設けられたという経緯を持つ。

同年には常磐線（旧・土浦線）の［田端］～［土浦］駅間が開通した。

1日当たりの平均乗車人員は4万7034人である。

JK 33

西日暮里《にしにっぽり》

「新駅」誕生までは山手線で一番新しい駅

さまざまな路線が交差するエリア

［西日暮里］駅は荒川区西日暮里にあり、荒川区南西に位置する。JRの路線では、京浜東北線と山手線が発着しているが、東京メトロ千代田線、東京都交通局の舎人ライナーも発着している。1969（昭和44）年に営団地下鉄（現・東京メトロ）千代田線の駅として開業し、2年後の1971（昭和46）年4月20日に国鉄の駅として開業。

2020年春の暫定開業を目指して、［品川］～［田町］駅の間で京浜東北線と山手線の新駅を工事中だが、現在開業している山手線の駅のなかでは、当駅が最も新しい。

駅の構造は、島式ホーム2面4線を有する高架駅で、各ホームから改札階へと下りると、東側に改札口があり、そこから右へ進むと、日暮里・舎人ライナーの［西日暮里］駅にアクセスできる。ただし、両駅間は少し離れているので、隣の［日暮里］駅で乗り換えるほうが賢明だ。一方、改札を出て左に進み地下に降りると、東京メトロに乗り換えることができる。

駅前にはタクシー乗り場はあるが、バスターミナルはない。

［西日暮里］駅の西側に出て、道灌山通りを進むと西日暮里駅前歩道橋がある。この歩道橋に上がると、道灌山通りを跨ぐように浮かぶ［西日暮里］駅のプラットホームと車両の様子がよく見える。一方、当駅の東側に出ると、京浜東北線や舎人ライナー、JR常磐線、京成電鉄の京成本線の路線が交差していて、さまざまな車両が走行する姿を見ることができる。

JR［西日暮里］駅の1日当たりの平均乗車人員は10万9917人で、近年は微増傾向にある。東京メトロの［西日暮里］駅の1日当たりの平均乗降人員は17万7756人である。

当駅の西側には国内有数の進学校の開成学園があるなど文教地区の雰囲気があり、同時に「谷根千《やねせん》」と称される下町情緒が漂うエリアだ。一方、2025年度の完成目標で、駅前の再開発計画が進行中だ。高層ビルやペデストリアンデッキの建設が予定されていて、将来的には駅前が様変わりしそうである。

NPR

JK 32

日暮里《にっぽり》

発着している路線が多く乗り換え利用も多い駅

下町「谷根千」散歩の玄関口

ＪＲ「日暮里」駅は荒川区西日暮里にあり、荒川区最南端、荒川区と北区の境に位置する。１９０５（明治38）年4月1日、常磐線（当時は「海岸線」）の「三河島」～「日暮里」駅間の開通にあたって開業した。

ＪＲでは、京浜東北線、山手線、常磐線、上野東京ラインが発着している。また、京成電鉄の本線、東京都交通局の日暮里舎人ライナーが接続する。

ＪＲ「日暮里」駅の構造は、島式ホーム3面6線（そのほか4本の通過線）を有する地上駅で、橋上駅舎を持つ。北側のコンコースからメインとなる北改札に抜けて、東口、西口に出ることができる。

駅の西側は「谷根千」と呼ばれる下町の人気エリアだ。また、北側のコンコースから京成線乗り換え口を利用できる。日暮里舎人ライナーへの乗り換えは、北改札から東口に向

下御隠殿橋から見下ろす。さまざまな車両を見ることができる、鉄道ファンにはたまらない場所である

かう。そのほかにも南改札口があり、「谷中霊園」など、南側にアクセスするには便利である。

北側のコンコースは改修により広くなり、2008（平成20）年には駅ナカ商業施設「エキュート日暮里」も開業。駅の東口にはバスターミナルやタクシー乗り場がある。

1日当たりの平均乗車人員は11万3468人で、増加傾向にある。

駅の北側には、JRの各路線を跨ぐように「下御隠殿橋」が架かっている。この橋の北側に立つと、「はやぶさ」「こまち」「かがやき」などといった新幹線や、常磐線の特急「ひたち」「ときわ」など、さまざまな電車が走行するところを見ることができる。

JK 31

鶯谷《うぐいすだに》

京浜東北線では4番目に利用客が少ない駅

寺社の多い西側と猥雑な雰囲気が漂う東側

［鶯谷］駅は台東区根岸にあり、京浜東北線のほか、山手線が発着している。1912（大正元）年7月11日に東北線の駅として開業した。

駅の構造は、島式ホーム2面4線を有する地上駅。各ホームの上野・東京方面、品川・横浜方面には橋上駅舎があり、南口の改札が利用できる。南口にはタクシー乗り場がある。バスのターミナルはないが、近隣のバス乗り場の案内も出ている。

一方、浦和・大宮方面、池袋・新宿方面には、階段を下って東側に通路を進むと北口の改札を利用できる。

1日当たりの平均乗車人員は2万5375人で、京浜東北線の駅としては4番目に少なく、山手線の駅としては最も少ない数字である。

南口の改札を抜けると、線路の西側に出て「寛永寺」の霊園を横目に坂を上がっていく

［鶯谷］駅からもアクセスのよい国立科学博物館の入り口脇に展示されているSLのD51。1100両を超す製造数は日本の機関車のなかでは最も多い

と「上野恩賜公園」に着く。上野恩賜公園というと［上野］駅が玄関口だと思われがちだが、［鶯谷］駅からも近く、「東京国立博物館」や「国立科学博物館」あたりは［鶯谷］駅からのアクセスもよい。国立科学博物館の入口脇にはD51形蒸気機関車が1両展示されている。屋外ながら展示品として美しく整備されている。

上野恩賜公園の前身が寛永寺だ。江戸時代、上野の山は江戸城に対して方位的に鬼門となるため、幕府の安泰と万民の平安を祈願するため、寛永寺を開いた。徳川家4代目の家綱以降、この寺を菩提寺とした将軍も多く、「徳川家霊廟」もある。

最盛期は現在の上野恩賜公園を中心に30万5000坪もの境内があったが、幕末の戊辰戦争で戦場と化して荒廃。明治に入り、境内の一部を公園として整備しつつ寛永寺も復興した。

また、南口の改札口から坂を下ると、道路は線路を跨ぎながら入谷へと抜ける。この跨線橋の下には、山手線、京浜東北線、東北線、常磐線など数多くの線路が敷かれていて、列車がひっきりなしに通過する。山手線圏内で列車を眺められる人気スポットの一つで、跨線橋からは、東京スカイツリーを望むこともできる。

一方、北口は線路の東側に出るが、東側はネオンや噴水で彩られたラブホテルが点在し、昭和の香りが漂う場末の繁華街といった趣がある。

UEN JK 30

上野《うえの》

東京の北の玄関口として歴史を有するターミナル駅

赤ちゃん誕生で盛り上がる「パンダ」駅

［上野］駅は台東区上野にあり、1883（明治16）年7月28日に私鉄の日本鉄道が［上

[上野]駅の入谷改札口(パンダ橋口)。ジャイアントパンダの人形が飾られている

野」〜「熊谷」駅間(現・高崎線)を開通させた際に設置された駅である。

駅の西側には「上野恩賜公園」が隣接している。都内随一の桜の名所として有名だが、園内には「上野の森美術館」「国立西洋美術館」「東京都美術館」「国立科学博物館」「不忍池」などがあり、「上野動物園(正式名称は東京都恩賜上野動物園)」「国立博物館」なども隣接している。

上野公園での待ち合わせの定番スポット「西郷隆盛像」は、彫刻家・高村光雲による作品である。また、上野動物園は東園、西園に分かれていて、両園を結ぶモノレールが、東京都交通局により運行されている。

上野動物園といえばパンダが有名だが、「上野」駅構内にもパンダ人気にあやかったモニュメントがたくさんある。まず、入谷改札口（パンダ橋口）を出てすぐ脇に、高さ3メートルを超えるジャイアントパンダの人形が飾られている。この像にちなみ、入谷改札口から上野公園に抜ける跨線橋は、「パンダ橋」と命名されている。構内には、もともと一体、小さいパンダ像があったが、子パンダ公開を記念してジャイアントパンダの近くに引っ越しをした。大小揃うパンダ像は、新たな待ち合わせ場所として、またフォトスポットとしても人気を呼んでいる。

２０１７（平成29）年に生まれた赤ちゃんパンダ「シャンシャン」人気で、さらに盛り上がりを見せている。「エキュート上野」の店舗でも、パンダをあしらったスイーツなど、パンダ関連商品を多数販売している。

このほか、［上野］駅広小路口前の広場には、井沢八郎が歌って大ヒットした「あゝ上野駅」（１９６４年発売）の歌碑もある。歌碑には、かつて［上野］駅に存在していた地上ホーム18番線の様子がレリーフとして描かれている。

複雑で特殊な駅構造を持つ

［上野］駅は、京浜東北線をはじめ、ＪＲの在来線では、山手線、東北線（宇都宮線）・

［上野］駅の駅舎。1932年（昭和7年）に落成した

高崎線、上野東京ライン、常磐線が発着するターミナル駅である。さらに、東北・山形・秋田・北海道・上越・北陸新幹線にも乗り継ぐことができる。そのため、長年、駅構内の混雑が問題視されていたが、2015（平成27）年の上野東京ラインの開業によってダイヤが大幅に改正され、［上野］駅の混雑はかなり緩和された。

ＪＲ以外では、東京メトロの銀座線と日比谷線の［上野］駅、京成電鉄本線の［京成上野］駅にも乗り換えられる。

ＪＲ東日本の1日当たりの平均乗車人員は18万7536人（在来線）。ＪＲ東日本では13番目に多い。なお、新幹線の1日当たりの平均乗車人員は1万1941人である。

在来線は、高架ホーム（2階）と地平ホー

ム（1階）から発着している。元々は、東北本線を建設した日本鉄道のターミナルとして、行き止まり式（頭端式とも櫛形ともいう）の地平ホームを備えていたが、1925（大正14）年の山手線の環状運転の開始とともに高架ホームが開業した。

地平ホームは、1982（昭和57）年の東北・上越新幹線開業まで、東北・上信越方面への特急列車が頻発し、ターミナルとしての［上野］駅の象徴的存在だった。いまは常磐線の特急が発着する。

また、地平ホームには、2017（平成29）年から「13・5番ホーム」が誕生。これは、クルーズトレイン「TRAIN SUITE四季島」専用のホームとして整備されたものである。

さらに、［上野］駅の地下には、新幹線の島式ホーム2面4線もある。

駅構内の東側には駅ナカ商業施設「エキュート上野」があるほか、改札内1階と改札外3階に「Dila上野」が入っている。また、メインの中央改札を抜けたところに駅ビル「アトレ上野」が隣接している。

正面玄関口にある駅舎は、1932（昭和7）年に建設されたもの。2階建て鉄骨鉄筋コンクリート造りで、風格を感じさせる重厚でがっちりとしたデザインだ。かつてはさまざまな駅施設が入っており、一般人は立ち入れない部分も多かったが、現在では「アトレ上野EAST」で、「レトロ館」としてリメイクを経て活用されている。

正面玄関口を入り、2階まで吹き抜けの広々としたフロアは、かつて出札口などがあった場所。このあたりには建設当時の意匠も残っているのでぜひチェックしておきたい。現在の切符売り場は、さらに進んだグランドコンコースにある。

グランドコンコースへ抜けて、右手の中央改札口の上には、洋画家・猪熊弦一郎氏の巨大壁画「自由」、正面には彫刻家・朝倉文夫の「翼の像」がある。

朝倉は「東洋のロダン」とも称された人物で、「翼の像」は「上野」駅開業75周年を記念して、地元の台東区が寄贈した。この時、朝倉は「上野」駅が自分と同じ誕生年だったことを知り、今度は朝倉の好意で「三相の像」を寄贈した。この像は中央改札口を抜けた構内に展示されている。

また、この像からも近い、15番線ホーム脇には、「ふるさとの訛なつかし……」という文言で有名な石川啄木の句碑も立っている。

1997（平成9）年には、「いつの時代にもふるさとへの郷愁をそそる、首都圏の北の玄関口」として「関東の駅百選」に選ばれた。

JK 29

御徒町

おかちまち

JRの路線以外にも接続駅が多い

アメ横やコリアンタウンがあり、食・買スポットが充実

ＪＲの路線では、京浜東北線と山手線が発着している。「御徒町」駅は台東区上野にあり、１９２５（大正14）年11月１日に開業。「御徒町」という地名の由来は、江戸時代、ここの地域一帯に、「御徒衆《おかちしゅう》（徒歩で将軍の警護にあたっていた下級武士）」の組屋敷があったことによるとされる。１９６４（昭和39）年の住居表示改称で消滅し、現在は駅名などに残るのみである。

１日当たりの平均乗車人員は６万８７５０人で、近年は微減傾向にある。駅の構造は、島式ホーム２面４線を有する高架駅で、高架下に駅舎がある。改札は南北２カ所にあり、ホームから北口に行くには階段のほか、エスカレーターとエレベーターがある。南口は階段のみ。駅としては小規模だが、北口の改札を抜けると左手に「外貨両替センター」があり、外国人の姿を散見する。近年はさらに増加中である。

京浜東北線や山手線、上野東京ラインの高架に沿って伸びるアメ横商店街

ＪＲだけではなく、東京メトロ銀座線の「上野広小路」駅と日比谷線の「仲御徒町」駅、さらに都営地下鉄大江戸線の「上野御徒町」駅と接続していて、乗り換えができる。ＪＲ「御徒町」駅を挟んで、東側に「上野広小路」駅が、西側に「仲御徒町」駅が並び、それぞれ南北に路線が走っている。そしてこれら三つの駅をつなげるように、北側に「上野御徒町」駅がある。ＪＲ「御徒町」駅から各駅に乗り換える場合は、いずれも北口が便利だ。「御徒町」～「上野」駅間の高架とその西側は、「アメ横商店街」が広がる。

食料品はもちろんのこと、宝石や時計、衣料品、スポーツ用品、鞄や靴、医療・化粧品など、さまざまな店が密集している。リーズナブルな値づけのうえに、さらに値段交渉が可能な店もあるので、年間通して、国内外からの観光客で賑わっている。

また、［上野御徒町］駅界隈には、東京で最も歴史があるコリアンタウンがあり、ディープな飲食店や食料品店が点在するグルメスポットである。

一方、南口には、2012（平成24）年に「おかちまちパンダ広場」が整備され、2頭のパンダ像が待ち合わせポイントとして人気となっている。また、［秋葉原］駅方面に500メートルほど南下すると、高架下の名所「2k540」があり、工房とショップが一つになったスタイルで、「ものづくり」の魅力を再認識させてくれる。

AKB
JK 28

秋葉原《あきはばら》

周辺の開発が進み、国内外から人が集まるエリアに変貌した

貨物駅時代や廃駅の名残が残る

JR［秋葉原］駅は千代田区外神田にある。JRの路線では、京浜東北線と総武線、山手線が発着している。また、東京メトロの日比谷線、首都圏新都市鉄道つくばエクスプレ

[秋葉原]駅で貨物取り扱いしていたことを示す遺構の一つ「秋葉原公園」。荷役のため神田川から駅まで引き込まれた水路がここにあった

スが発着している。

1890（明治23）年11月1日、当初は貨物駅として開業。当時、一大ターミナルとして機能していた［上野］駅が手狭になり、貨物を効率的に扱うため、秋葉原に貨物専用の駅を設置することにしたのだ。

また、秋葉原という立地を選んだのは、［上野］駅に近いという理由に加え、すぐ南側に神田川が流れていたことも挙げられる。

当時、都内の物流は水運も活用されていたため、利便性が高かったのだ。貨物駅は現在の「ヨドバシＡｋｉｂａ」のあたりまで広がり、ここには神田川から水運用の水路も引き込まれ、船溜まりもつくられていた。

この堀割の名残は「秋葉原公園」に見られ、水路に架かっていた佐久間橋の欄干が残っている。ただし、現存する欄干は、1929(昭和4)年に完成したもの。

旅客駅として使われるようになったのは1925(大正14)年からである。

駅の構造は、島式ホーム2面4線と相対式ホーム2面2線を有する高架駅である。京浜東北線や山手線ホームなどには、昭和初期の建設当時の姿を今に伝える木製のホーム手すりや、リベットがごつごつした柱などが数多く見られる。

駅の東側に出る中央改札、昭和通り改札と、駅の西側に出る電気街改札がある。そのほか、東側に隣接する駅ビル「アトレ1」に直結するアトレ1改札も設けられている。また、西側にも駅ビル「アトレ2」が建つなど、駅ビルが充実している。

東京メトロ日比谷線に乗り換えるには昭和通り改札が、つくばエクスプレス線に乗り換えるには中央改札が便利で、それぞれの改札の先から地下通路に潜ることができる。

駅の1日当たりの平均乗車人員は25万251人で、年々増加していて、JR東日本の駅では9番目に多い数字である。

[秋葉原]駅の500メートルほど南西には、神田川を跨ぐ万世橋があり、たもとには、旧[万世橋]駅の遺構が残っている。地上から見えるのは高架となっていた旧[万世橋]駅の基盤部分で、中央線の電車からは[御茶ノ水]～[神田]駅間で車窓からホームの跡が見える。

２０１３年、旧［万世橋］駅のホームや壁、階段などの遺構を活かし、おしゃれなカフェや店舗などが入った商業施設「マーチエキュート神田万世橋」がオープンした。［秋葉原］駅電気街口から歩いて４分ほどのところだ。かつてのホーム部分がデッキとして整備され、すぐそばを中央線の電車が駆け抜ける。

KND JK27
神田《かんだ》

最古の高架橋など歴史を感じる建造物が残る駅

鉄道をテーマにした飲食店が駅の北口にオープン

ＪＲの路線では、京浜東北線のほか、中央線、山手線が発着する［神田］駅は、千代田区鍛冶町にある。中央線が旧［万世橋］～［東京］駅にかけて延伸するにあたって、１９１９（大正８）年３月１日に開業した。

駅の構造は、島式ホーム３面６線を有する高架駅で、２カ所の改札口がある。京浜東北線でいうと［東京］駅に近い改札を抜けると、出口が左右に分かれて南口（日本橋方面口）、

紅梅河岸高架橋。［神田］駅からは少し歩くが一見の価値のある鉄道遺産だ

西口（大手方面口）に出る。一方、［秋葉原］駅に近い改札を抜けると、こちらも出口が左右に分かれて北口（靖国通り方面口）、東口（中央通り方面口）に出る。初めてだと、左右で南と西、北と東とに分かれるので混乱してしまうかもしれない。東京メトロの銀座線と接続していて、乗り換えには、［秋葉原］駅寄りの改札を出ると、地下通路からアクセスできる。

［神田］駅界隈の高架は鉄筋コンクリートで造られているが、西口か北口から出て、高架を眺めるとレンガ造りに見えるように装飾が施されているのが特徴的だ。レンガが使われているのは西側（内神田側）のみで、反対側はコンクリートがむきだしである。

［秋葉原］駅寄りの改札を抜けた北口側に、

2017（平成29）年、鉄道ファンにはうれしい飲食店が開業。その名も「神田鐵道倶楽部」で、「鉄道」をテーマに、旧国鉄時代から食堂車や駅弁販売などを手がけてきた「日本レストランエンタプライズ」が運営するお店である。

煮込みハンバーグ、スパゲティ、カレーなど昔懐かしい食堂車メニューが揃っているうえに、店内は見渡す限り鉄道グッズで飾られている。店内では鉄道車両の動画が流れていて、鉄道知識が豊富な店員が、店内のグッズについての質問にも答えてくれる。

1日当たりの平均乗車人員は10万3940人である。

神田は新橋と並ぶサラリーマンの街というイメージどおり、ガード下には小さな居酒屋がひしめき、仕事帰りの大人たちで夜な夜な賑わっている。はしご酒をするにも事欠かないエリアだ。

また、少し足を延ばせば、中央線の［神田］～［御茶ノ水］駅の間に、1908（明治41）年に完成した「紅梅河岸高架橋」がある。［神田］駅からは800メートルほど離れているが、東京で現存する最古の高架橋だ。

TYO

JK 26

東京《とうきょう》

首都・東京の玄関口であり、日本全国の鉄道において中心となる駅

地方に向かう新幹線利用客も多く終日ごった返す

巨大なターミナルであるJRの［東京］駅は、JR東日本だけで1日当たりの平均乗車人員は45万2549人で、JR東日本では第3位の利用者数を誇る。

［東京］駅は、東海道線、東北線、中央線、総武線、京葉線、さらには東海道新幹線、東北新幹線の起点となっていて、線路の起点を示す「0キロポスト」が、各線に設置されている。本来の0キロポストは白い標柱に黒で「0」の数字を記載したものだが、［東京］駅には意匠を凝らしたものが多い。

東京メトロ丸ノ内線の［東京］駅も丸の内側の地下にある。また、東京メトロ東西線の［大手町］駅も、日本橋口から近く、乗り換えが可能だ。

［東京］駅の開業は1914（大正3）年12月20日のこと。当初は、駅舎は丸の内側だけに建設されていた。計画段階では「中央停車場」と称され、国の象徴として皇居正面に設

置されることになった。駅舎の設計は著名な建築家である辰野金吾によるもので、延長約335メートル、地上3階建て。レンガを主体とする日本の建造物では最大規模で、辰野の集大成となる作品としても高く評価され、2003（平成15）年には、丸の内駅舎が国の重要文化財にも指定されている。

ただし、重文指定時は戦災によりオリジナルとはかなり違う姿になっていたため、JR東日本では耐震化に合わせて復原工事を実施し、2012（同24）年に完成。建設当時の姿が戻り、随所に構造や歴史を紹介する解説も設置されている。

この復原工事には約500億円かかったが、その費用は、駅舎上空の「空中権」を売却することで調達した。つまり、駅舎の上空に建設可能な空間を、周辺のビルに分け与えたのだ。そのため、周辺のビルの容積率がアップし、超高層とすることが可能となった。

多額の費用をかけて復原したのは、もちろんノスタルジーのためなどではない。旧来の、戦災に遭った後に応急処置した二階建ての駅舎は半世紀が経過し、老朽化が進んでいたし、耐震改修も必要だった。復原しようとしまいと、手を入れなければならなかったのだ。

さらに、2017（同29）年には「グランスタ丸の内」が全面開業。平日、休日問わず、終日賑わっている。

一方、八重洲口が設置されたのは1929（昭和4）年のこと。戦後、駅ビルが建設され、何度かの整備を重ねて現在に至る。2013（平成25）年にはグランルーフと呼ばれる駅前広場を覆う巨大な屋根も完成し、［東京］駅の新しい顔となっている。

JK 25

有楽町《ゆうらくちょう》

文明開化の象徴・銀座に近いエリアの玄関口となる駅

近代化と歴史を感じる大人の街

ＪＲ［有楽町］駅は千代田区有楽町にあり、ＪＲの路線では、京浜東北線と山手線が発着している。東京メトロの有楽町線と接続していて、乗り換えには、［東京］駅寄りの国際フォーラム口か京橋口を出るのが便利だ。なお、ＪＲの［有楽町］駅としては接続駅としていないが、東京メトロの［有楽町］駅は、東京メトロの日比谷線、千代田線および都営地下鉄三田線の［日比谷］駅と連絡している。

また、同じく連絡はしていないが、［有楽町］駅から５００メートルほど南東に位置する、東京メトロの丸の内線、銀座線の［銀座］駅も近い。

JR［有楽町］駅の1日当たりの平均乗車人員は16万9943人である。

駅の構造は、島式ホーム2面4線を有する高架駅。1910（明治43）年6月25日の開業で、都市部を走る想定から、当初から高架線で建設された。当時の建設構造は、鉄筋コンクリートではなく、レンガの積み上げが主流だった。［有楽町］駅および界隈の線路の西側には、当時のレンガ高架橋構造が残っている。その後に発生した関東大震災や太平洋戦争の戦火にも負けず、100年以上使われているのだからみごとである。

駅には6つの改札がある。京浜東北線でいうと［東京］駅に近いホームから階段を下ると、左右に分かれて国際フォーラム口、京橋口の改札がある。そして、ホーム中ほどから地上階に下ると、左右に分かれて中央口、中央西口の改札がある。一方、［新橋］駅に近いホームから階段を下ると、左右に分かれて日比谷口、銀座口の改札がある。ホームから改札に向かうには、行きたい場所に応じて、3カ所のどの位置から下りるとよいかを判断したほうがよい。

新幹線が見えるスポットとしておすすめなのが、京橋口の出口からすぐの「東京交通会館」の3階にある屋上庭園「有楽町コリーヌ」。入場無料で鉄道好きもよく訪れている。

［東京］駅の京葉線のホームは、［東京］駅内のほかのホームから遠い北側に位置しているため、京浜東北線か山手線を利用して京葉線に乗り換えるには、［東京］駅よりも［有

楽町」駅からのほうが近い。［有楽町］駅で乗り継ぎの意思を改札口で申し出れば対応してくれる。

SMB JK24

新橋《しんばし》

鉄道の歴史を語るうえで外せない場所

駅周辺には鉄道関連のモニュメントが点在

ＪＲの［新橋］駅は港区新橋にあり、京浜東北線、東海道線、山手線、地下には横須賀線と、ＪＲの多くの列車が発着する。また、東京メトロの銀座線、都営地下鉄の浅草線、さらにはお台場に向かうゆりかもめの［新橋］駅も隣接し、各方面への乗り換えに便利な駅である。

１日の乗車人数はＪＲだけで27万７４０４人で、ＪＲ東日本全体で見ても第7位につけている。駅は、島式３面６線の高架ホームと島式１面２線の地下ホームがある。

［新橋］駅の北西側、日比谷口から駅前広場に出ると、黒々とした蒸気機関車が鎮座して

復元された、開業当時の［新橋］駅（旧新橋停車場）。内部は歴史展示室になっている

いるのが目に入る。ここが、待ち合わせ場所として有名な「SL広場」だ。この蒸気機関車は、12時、15時、18時の1日3回、汽笛が鳴る。

SL広場の反対側、［新橋］駅の東側、ゆりかもめの乗り場に近い汐留口を出ると、左側に碑と大きな車輪が立っている。碑には「鉄道唱歌の碑」、車輪には「D51機関車の動輪」とそれぞれ記されている。「鉄道唱歌の碑」は、1957（昭和32）年に鉄道開通85周年記念日に、『鉄道唱歌』の作詞家・大和田建樹生誕100年を記念して建立された。D51形機関車、愛称「デゴイチ」は、全国各地で主に貨物用として活躍した機関車で、1975（同50）年にその使命を終えた。展示の動輪は、1976（同51）年、総武・横須賀線が発着した記念として設置された。

このように、鉄道関連のモニュメントが点在するのには理由がある。当初の［新橋］駅が、日本の鉄道の発祥の地だからだ。

［新橋］駅は1872（明治5）年10月14日（旧暦9月12日）に開業した。これは［新橋］駅と［横浜］駅を結ぶ日本最初の鉄道が開業した日でもある。現在、毎年10月14日は「鉄道の日」として日本各地で鉄道関連イベントが催されているが、同時に［新橋］駅の誕生日でもあるのだ。

もっとも開業当時の［新橋］駅は、現在地よりも東、「汐留シオサイト」の位置にあった。その後、明治の終わりに東海道線の始発駅を［東京］駅へと移す計画が立てられ、1909（明治42）年12月16日には現在の場所に［烏森］駅がつくられた。そして1914（大正3）年、［東京］駅の完成時に［烏森］駅を［新橋］駅と改め、従来の［新橋］駅は貨物専用の［汐留］駅と名称を変更した。

HMC

JK 23

浜松町

はままつちょう

羽田空港行きのモノレールの起点となる駅

足を延ばして東京湾の水上散歩もできる

［浜松町］駅は港区海岸一丁目にあり、ＪＲの路線では、京浜東北線と山手線が発着している。１９０９（明治42）年12月16日、東海道線の［品川］～［烏森］駅間の開通に伴って開業した。

駅の構造は、島式ホーム２面４線を有する地上駅で、橋上駅舎を持つ。

［浜松町］駅の名物の一つが、３・４番線ホームの［田町］駅寄りにある「小便小僧」の像だ。１９５２（昭和27）年、鉄道開業80周年の記念として寄贈されたもので、この小便小僧は、その時節に相応しい衣装を着ているのが楽しい。衣装は地元のグループがボランティアでつくっているもので、小僧の手が曲がらないので、特別な仕立てになっている。

改札は４カ所にあり、京浜東北線でいうと［新橋］駅に近いホームから階段を下ると北口に出る改札があり、ホーム中ほどから上の階に進むと、南口に出る改札と、「モノレール中央口」とも呼ばれる西側に出る改札、モノレール乗り換え口もある。

１日当たりの平均乗車人員は15万８３６８人である。ＪＲ以外に乗り換え可能な駅としては、東京モノレール羽田空港線の起点となる［モノレール浜松町］駅と、都営地下鉄浅草線と大江戸線の［大門］駅がある。［大門］駅に乗り換えるには北口の改札から「世界貿易センタービル」の連絡通路を利用すると便利だ。［浜松町］駅の東側にある「旧芝離宮恩賜庭園」の入口は北口からが近い。また、日の出桟橋にアクセスするなら、南口改札を出て左手、東側へ進む。

国の名勝に指定されている旧芝離宮恩賜庭園は、江戸初期につくられた大名庭園で、16世紀半ばに埋め立てられた土地を、老中・大久保忠朝が作庭したのが始まり。幕末には紀州徳川家の別邸・芝御屋敷となった。見どころの多い回遊式庭園で名石も多い。

［浜松町］駅から日の出桟橋までは1キロ弱。京浜東北線の駅のなかでも、横浜市内の臨海エリアの停車駅に匹敵するほど海に近い駅である。日の出桟橋からは、浅草やお台場方面への水上バスが運航されているので、［浜松町］駅を起点に、東京湾の水上散歩を楽しむのも一興だ。

［浜松町］駅を経由して鉄道とモノレールを乗り継ぎ、羽田空港へ向かう乗客も数多いので、お盆やお正月など空港利用が増える時季には混雑度が増す。

JK22 田町《たまち》

新駅を建設中の品川車両基地の跡から1・3キロ先の駅

駅周辺は薩摩藩ゆかりの土地

ＪＲの路線では、京浜東北線と山手線が発着している。駅は港区芝にあり、東海道本線が「品川」～旧「烏森」駅（現在は廃駅）にかけて開通するにあたって、１９０９（明治42）年12月16日に開業した。

駅の構造は、島式ホーム２面４線を有する地上駅で、橋上駅舎を持つ。両ホームの上には広いコンコースがあり、向かい合うように北改札と南改札が設置されている。どちらの改札を利用しても同一の東西自由通路に出るので、改札前の待ち合わせがしやすい。東西自由通路の東口が芝浦口、西口が三田口にあたる。

ＪＲ以外に、都営地下鉄浅草線と三田線に乗り換えができる。両駅は線路の西側に位置しているので、どちらも三田口を利用する。

三田口側には慶應義塾大学があり、駅からキャンパスに向かう学生の姿も多い。

駅周辺はかつて薩摩藩邸があった。西郷隆盛と勝海舟が会見して江戸城の無血開城で合意したのが薩摩藩蔵屋敷である。そのため、改札外コンコース、三田口の壁面には、陶板レリーフとガラスモザイクのパブリックアート「西郷南洲・勝海舟会見の図」が飾られている。慶應義塾大学の敷地は島原藩中屋敷だった。

一方、芝浦口は港区が設置したペデストリアンデッキがあり、工場や倉庫、オフィスが建ち並ぶ埋め立て地に出る。バブル期には「ウォーターフロント」と呼ばれて賑わっていたエリアで、バブル経済を反映したような伝説のディスコ「ジュリアナ東京」も、ここ芝浦にあったが、わずか3年ちょっとの営業で弾けた。

1日当たりの平均乗車人員は15万4915人。

[田町」駅から少し足を延ばして南西にある「札の辻橋」に行けば、いくつもの在来線や新幹線、貨物線の線路を見下ろすことができ、各種鉄道が走る様子を眺められるほか、[品川」~[田町」駅の間に誕生する山手線の新駅建設に向けての動きも確認できる。

新駅は、[田町」駅から約1・3キロ、[品川」駅から約0・9キロの場所で、品川車両基地の跡地にできる。新駅が開業すると新たなオーバークロス高架橋へと線路が移設される予定だ。建築家・隈研吾氏による駅舎が暫定開業するのは2020年春だが、日々の工事の様子を見るのも楽しいものである。

SGW

JK 20

品川《しながわ》

利便性の高い新幹線の停車駅として進化中

都内有数のオフィス街で多数のビジネスマンが行き交う

「品川駅」なのに品川にはなく、港区高輪にある。JRの在来線では、京浜東北線のほか、山手線、東海道線、上野東京ライン、横須賀線、総武本線が発着している。さらに、東海道新幹線「のぞみ」「ひかり」「こだま」や京浜急行電鉄の本線にも乗り継ぐことができる。

JR東日本在来線の1日当たりの平均乗車人員は平均37万8566人。JR東日本のなかでも第5位となっている。

在来線は、島式ホーム7面14線と単式ホーム1面1線から成る。東海道新幹線のホームは島式ホーム2面4線から成る。

改札内コンコースが南北にあるが、つながっていないので、もう一方のコンコース側に出るにはホーム内を移動することになる。南側のコンコース側には、改札内のエキナカ商業施設「エキュート品川」がある。南側コンコースは中央改札と京急乗り換え専用の連絡口に、北側のコンコースは北改札につながる。また、高輪口（西口）には、京浜急行電鉄の「品川」駅があり、乗り換えられる。

JR「品川」駅の開業は、1872（明治5）年6月12日（旧暦5月7日）で、鉄道発祥の地として知られる「新橋」駅よりも4カ月ほど早い。当時、「新橋」と「横浜」を結ぶ鉄道の建設が進められていたが、竣工の早かった［品川］〜［横浜］間を先行して仮開業させたからである。なお、本開業は［新橋］駅と同じ、10月14日（旧暦9月12日）。いずれにせよ、［横浜］駅（現・［桜木町］駅）と並び、［品川］駅は明治5年に開業した日本最古の駅の一つなのだ。

こうした［品川］駅の歴史を示す碑が、駅舎の内外に残っている。高輪口（西口）ロータリーの中心には「品川駅創業記念碑」がある。

また、9・10番線ホームの中ほどには「安全祈念碑品川駅開業130周年記念」のモニュメントもある。

ところで、［品川］駅の中央改札口を入った正面には、オレンジとグリーンに装った電車型の郵便ポストがある。これは国鉄時代に東海道線などで活躍していた郵便電車「クモユ」を模したもの。投函口を運転室の窓に見立て、実車を彷彿させる。

もちろん、正式な郵便ポストとして機能している。

JK 19 大井町《おおいまち》

私鉄が複数発着している交通の結節点の一つ

ホームのオブジェや車両基地なども見て楽しい

［大井町］駅は品川区大井にある。東京急行電鉄大井町線と東京臨海高速鉄道りんかい線が接続する。駅は１９１４（大正３）年12月20日、京浜線（現・京浜東北線）の［東京］〜［高島町］駅間の開通にあたって開業した。駅の構造は、島式ホーム１面２線を有する地上駅。

オブジェが多い駅で、京浜東北線のホームの［品川］駅寄りの天井部には、明かり取り構造となった屋根を支える梁の上にフクロウの像がある。また、柱の側面などにはキツツキの像もあるが、こちらを見つけるのはやや難易度が高い。

ホームの［大森］駅側の端にメインの改札・中央改札がある。改札を抜けると駅ビル「アトレ大井町」が隣接している。一方、［品川］駅寄りの端の階段を上ると、西口へ抜ける改札に出られるほか、東急急行電鉄の乗り換えに便利な乗り換え口がある。また、いずれの改札を利用しても、地下に下ってりんかい線の改札に向かうことができる。

１日当たりの平均乗車人員は10万４４１２人で、近年は微増傾向にある。駅の東口、西口には、バスターミナルやタクシー乗り場がある。

駅の北東側には、京浜東北線の線路に沿って車両基地がある。ここが山手線の電車などが配属されている「JR東日本東京総合車輪センター」である。

「大井町」駅からは東口を出て、線路沿いの道を品川方面に歩いていくと、車両基地がよく見える。また、駅から5分ほど歩けば、車両基地内にあるレンガ造りの巨大な建物が見えてくる。

この建物は、品川区が選定する「しながわ百景」で「赤レンガ造りのボイラー工場」として紹介されているが、京浜線（現・京浜東北線）の運転に合わせて設置された「大井変電所」の建物と思われる。当初の役割を終えたいまもなお、レンガ造りの建物が佇んでいる。国の重要文化財に指定されている信越線の「碓氷峠鉄道施設」に含まれているレンガ造りの「丸山変電所」と、ほぼ同時代の建物なのだ。つまり、国の重文級の建物が存在しているというわけだ。

なお、この旧大井変電所の建物は、京浜東北線と東海道線の列車内からも見ることができる。「品川」～「大井町」駅を通過する際は、西側の車窓に注目してほしい。

JK 18

大森 おおもり

開業間もない汽車の車窓から貝塚が発見された場所

手入れの行き届いた蒸気機関車も見られる

［大森］駅は大田区大森北にあり、JRの駅としては大田区の最北端で、品川区との境に近い位置にある。1876（明治9）年6月12日、［新橋］～［横浜］駅間が開通した4年後に、東海道線の駅として開業した。

駅の構造は、島式ホーム1面2線を有する地上駅で、橋上駅舎を持つ。2階にあるメインの中央改札を抜けると、東口、西口へと出る。東口には2005（平成17）年にリニューアルし、「アトレ大森」と改称した駅ビルが隣接している。また、ホームの東京方面の端の階段を上るともう1カ所の改札があり、北口に出られる。東口にはバスターミナルやタクシー乗り場がある。

1日当たりの平均乗車人員は9万6181人で、微増傾向にある。

ホームの中央付近には「日本考古学発祥の地」の碑があり、縄文式土器のレプリカも飾られている。アメリカの動物学者エドワード・S・モースが、「大森貝塚」を発見してから100周年を記念して建てられたものだ。

モースは、貝の研究をするために1877（明治10）年に来日し、横浜港から開業間もない汽車に乗って［東京］駅に向かった。そして、汽車の車窓から貝塚を発見したという。

［大森］駅のホームに建てられている「大森貝塚」の碑

その後、彼は貝塚の調査に着手し、その結果、たくさんの貝殻に混じって土器や石器なども見つかり、大森貝塚と命名された。［大森］駅から約300メートル北には「大森貝墟の碑」が、そこからさらに300メートルほど北には、国指定史跡の「大森貝塚遺跡庭園」がある。

　また、駅から線路の東側を500メートルほど南へ行くと、線路脇に児童向けの「入新井西公園」があり、C57形蒸気機関車や消防自動車が展示されている。

　蒸気機関車は、圧縮空気を使って汽笛が鳴り、動輪が動くようになっている。動輪は所定の時間に5分間動く。時刻は、平日12時、15時、土曜日12時、14時、15時、日曜祝日は10時、12時、14時、15時である。汽笛が鳴るのは、平日、土・日曜、祝日ともに12時、15時の2回である。

JK 17

蒲田

かまた

東急の2路線とつながる駅

大田区の中心的な繁華街として賑わう

［蒲田］駅は、ＪＲの京浜東北線、東京急行電鉄の東急多摩川線と池上線が発着している。東京急行電鉄の2路線はいずれも［蒲田］駅が終点となる。

駅は大田区蒲田にあり、東京都内にある京浜東北線の駅としては最南端に位置する。そのため［大井町］～［大森］駅間が2キロなのに対し、［大森］～［蒲田］駅間は3・5キロも離れている。乗客には都心から京浜エリアへ入ったことを体感できる距離だ。

駅界隈は、繁華街として賑わうと同時に、「大田区役所」、「大田区民ホール・アプリコ」など大田区の公共施設も集まっている。

1904（明治37）年4月11日に東海道線の駅として開業し、その10年後には京浜線（現在の京浜東北線）が運行開始。それと同時に、東海道線の停車駅ではなくなった。

また、1996（平成8）年12月のダイヤ改正まで、「蒲田電車区」として車両が配置される車両基地であったが、2016（平成28）年3月、乗務員基地再編成に伴い、蒲田車掌区・下十条運転区と統合し、大田運輸区が発足し、その後、車両配置のない車庫となっている。

駅の構造は、島式ホーム2面3線を有する地上駅で、橋上駅舎を持つ。

1日当たりの平均乗車人員は14万5643人で微増傾向にある。

メインの中央改札を抜けると、東口、西口へと出る。東西ともに駅ビル「グランデュオ蒲田」がそびえ、JR「蒲田」駅の顔となっている。

「川崎」駅寄りにも南改札があり、東京急行電鉄への乗り換えには便利である。駅の東口、西口ともにバスターミナルやタクシー乗り場がある。

東口から850メートルほど東側に、京浜急行電鉄の「京急蒲田」駅があり、本線と空港線が通っている。このうち空港線は「京急蒲田」駅が起点である。駅の開業はこちらのほうが早く、京浜電気鉄道時代の1901（明治34）年に「蒲田」駅として開業したが、JR駅の開業により、1925（大正14）年に「京浜蒲田」駅に改称し、さらに1987（昭和62）年に現在の駅名、「京急蒲田」駅に改称した。

KWS
JK 16

川崎
かわさき

神奈川県内では［横浜］駅に次ぐ乗車人員を誇る

時代に沿って姿を変えてきた川崎

東京方面から京浜東北線で南下する場合、多摩川を渡ると神奈川県に入り、まもなくJR［川崎］駅に到着する。

川崎市の川崎区と幸区の境界に位置している駅で、JRの路線では、京浜東北線のほか、東海道線、南武線が発着している。駅は1872（明治5）年7月10日（旧暦6月5日）、［品川］駅、［横浜］駅に次いで、日本で3番目に開業した。

駅の構造は、島式が3面6線。各ホームの半ばに中央南改札、中央北改札があり、改札を抜けると、中央通路を通じて中央東口、中央西口へ出られる。かつては商業施設が東口に集中していたが、2006（平成18）年、西口の工場跡地に「ラゾーナ川崎」が開業し、人の流れが大きく変化した。2018（同30）年には北口通路が開通し、駅ビル「アトレ川崎」の改装も完成。さらに活況を呈している。

京浜急行電鉄の［京急川崎］駅に乗り換えができる。ＪＲ［川崎］駅からは、東口を出て徒歩で５分程度かかるが、両駅は地下街で連絡されている。

１日当たりの平均乗車人員は21万１８９６人で、神奈川県のＪＲ駅としては、［横浜］駅に次ぐ数である。

川崎は、江戸時代に整備された東海道の宿場町として発展した。東海道五十三次でいえば、品川宿の次の宿場となる。

その後、大正時代に起こった関東大震災、そして太平洋戦争の戦災（空襲）などにより、大きな被害を受けた。そのため、川崎宿の面影を残す建物は失われてしまったが、当時の道はそのまま残り、「旧東海道」の石碑やその歴史を紹介する「東海道かわさき宿交流館」などもある。東海道かわさき宿交流館は、２０１４（平成26）年に旧東海道沿いにオープン。入場無料で［川崎］駅の東口から徒歩７～８分。

川崎は明治末期から臨海部の埋め立てが行なわれ、工場地帯として発展を遂げてきた。空襲で壊滅的な被害を受けたものの、戦後に再び復興、しかしながら、１９６０年代から工場が郊外に移転し、川崎の都市化が進んだ。

近代的な商業施設に生まれ変わった「ラゾーナ川崎」だが、かつての工場地帯の名残を見つけることができる。たとえば、工場で使用されていた消防ポンプがモニュメントとし

て残る（西側出口付近）ほか、東芝の「堀川工場」の入口看板なども、同施設内の緑地帯「四季の道」などにあしらわれている。

JK 15 鶴見《つるみ》

鶴見線の起点となる駅

鶴見区の中心エリア

横浜市鶴見区鶴見中央に位置し、ＪＲの根岸線と鶴見線が発着している。１日当たりの平均乗車人員は８万０９０４人である。

さて、京浜線（現・京浜東北線）の運行が開始したのは１９１４（大正３）年だが、「鶴見」駅としての歴史はさらに遡り、１８７２（明治５）年10月14日（旧暦９月12日）、「新橋」～「横浜」駅を結ぶ日本最初の鉄道の正式開通と同時に開業した。

駅の構造は、京浜東北線は島式ホーム１面２線を有する地上駅である。その西側には、頭端式（櫛形）ホーム２面２線を有する鶴見線の高架駅がある。改札は京浜東北線のホー

ムから上がって鶴見線側に西口の改札があるほか、反対側の通路を進んだ先に東口の改札もある。

鶴見線はもともと私鉄・鶴見臨港鉄道線が、1943(昭和18)年に国有化された経緯があり、改札内に、鶴見線との乗り換え口が残っている。

鶴見線は、「鶴見」駅と川崎市川崎区の「扇町」駅を結ぶ路線で、「鶴見」駅が起点となっている。

また、駅の東側は駅ビル「CIAL鶴見」、西側は2階で駅と直結する駅ビル「ミナール鶴見」や「京急ストア」などがある。

東口のバスのターミナルの先には、京浜急行電鉄の京急本線の「京急鶴見」駅があり、乗り換えが可能だ。

「京急鶴見」駅はJR「鶴見」駅よりも先の、1905(明治38)年に「鶴見停留所」の名称で開業し、1925(大正14)年、現JR「鶴見」駅と区別をつけるために「京浜鶴見」駅に改称。

さらに1987(昭和62)年に現在の名称になった。

JR「鶴見」駅周辺は、「鶴見区民文化センターサルビアホール」「横浜市鶴見区役所」「鶴見税務署」「横浜市鶴見図書館」などの公共施設が徒歩圏内に点在し、鶴見区の中心的

なエリアである。

また、西側には広大な敷地を持つ「總持寺」があり、境内には「鶴見大学」といった学校施設も備えている。

JK 14

新子安《しんこやす》

［品川］駅と［横浜］駅に近い便利な立地にある駅

鉄道写真の撮影ポイントとして知られる

［新子安］駅は横浜市神奈川区子安通に位置している。1943（昭和18）年11月1日、京浜東北線の駅として開業した。京浜急行電鉄本線の［京急新子安］駅に隣接する。

［京急新子安］駅は、1910（明治43）年に［新子安］駅として開業していたが、国鉄が、［新子安］駅と命名して新しい駅を開業させたため、同年に［京浜新子安］駅に改称した（のち［京急新子安］）。

駅の構造は、島式ホーム1面2線を有する地上駅。線路の南側に地上駅舎が設けられて

通称「踏切寺」よと呼ばれる遍照院。踏切を渡らないと境内に入れない

いて、ホームと改札は地下道でつながっている。改札を抜けて北東に進むと、京浜急行電鉄本線の［京急新子安］駅があり、地上から、あるいは歩道橋を通じて乗り換えができる。

駅周辺は歩道橋が整備されていたり、高架道路で「神奈川産業道路」が走っていたり、陸上交通網が立体的な構造となっているのが特徴的である。

駅の南側は埋め立て地の京浜工業地帯が広がり、第一京浜道路、首都高速が線路に並行するように走っている。一方、北側には、新子安界隈で最大のショッピングモール「オルトヨコハマ」なども建つが、基本的にはのどかな雰囲気の住宅地である。

ＪＲ［新子安］駅の１日当たりの平均乗車人員は２万３４５１人。京浜東北線のなかで

は、[上中里]駅に次いで少ない数字。京浜急行電鉄本線[京急新子安]駅の1日当たりの平均乗降人員は8384人（2016年度）。

[新子安]駅から[鶴見]駅の方面に600メートルほど進んだ場所に、「踏切寺」とも呼ばれる「遍照院」がある。JRと京急の線路に挟まれていて、山門の前にある京急の踏切を渡らないと境内に入れないため、参拝には不便だが、一方で寺院と絡めた鉄道写真が撮れることで、鉄道ファンには人気がある。

また、[新子安]駅自体も、鉄道撮影スポットとして知られている。ホームの[鶴見]駅寄りは、線路が直線で、列車の先頭から最後尾までを入れた、いわゆる「編成写真」を撮りやすい。一方、[東神奈川]駅寄りは列車カーブを描いた写真が撮れる。

JK 13 東神奈川《ひがしかながわ》

横浜線の起点となる駅

再開発地区「かなっくシティ」

[東神奈川]駅は、横浜市神奈川区東神奈川にあり、横浜線の起点となる。

もともと私鉄の横浜鉄道線（現・横浜線）と東海道線との接続駅として建設された駅で、1908（明治41）年9月23日、［八王子］～［横浜］駅間が開通するにあたって開業した。その6年後、1914（大正3）年、国鉄の京浜線電車（現・京浜東北線）の［東京］～［高島町］駅（現・廃駅）間が開通し、［東神奈川］駅にも停車するようになった。

駅の構造は、島式ホーム2面4線を有する地上駅で、橋上駅舎が設けられている。駅舎の出口は東西2カ所で、駅前はそれぞれ開けているが、バスの発着、タクシー乗り場のメインは西口である。後述の東口の再開発とあわせて、西口でもペデストリアンデッキとバスロータリーの再整備が行なわれた。一方、賑わいが不足していた東口であったが再開発が行なわれ、一帯は「かなっくシティ」と名付けられ、2009（平成21）年には駅ビル「CIAL PLAT東神奈川」も開業した。

［東神奈川］駅の東側、徒歩2、3分のところに京浜急行電鉄京急本線の［仲木戸］駅がある。両駅を連絡するペデストリアンデッキ「かなっくウォーク」が整備されていて、乗り換えが可能だ。

かつては連絡運輸（乗り換え駅として同一の駅と見なすこと）がなかったが、開業100年を迎えた2008（同20）年から、定期券に限り連絡運輸を開始した。

［東神奈川］駅の1日当たりの平均乗車人員は3万6690人で増加傾向にある。

駅の周辺は、「横浜市神奈川区役所」「横浜市神奈川公会堂」「かなっくホール」などの公共施設が徒歩圏内にあり、神奈川区の中心的なエリアとなっている。

YHM JK12

横浜《よこはま》

日本初の鉄道が開業した歴史ある駅

利用者数県内1位の一大ターミナル

［横浜］駅は、横浜市西区高島に位置する。ＪＲの路線では、京浜東北線、東海道線、横須賀線、根岸線、横浜線が発着している。

ＪＲだけでなく、京浜急行電鉄の本線、相模鉄道の本線、東京急行電鉄の東横線、横浜高速鉄道のみなとみらい線、横浜市営地下鉄のブルーラインも発着、［横浜］駅は首都圏と神奈川エリアをつなぐハブとしての機能を担っている。

［横浜］駅の乗車人員は、ＪＲだけで１日当たり平均42万１９２人。ＪＲ東日本で第４位の利用者数を誇っている。

現在も残っている2代目［横浜］駅の遺構。［高島町］駅付近で見られる（Thirteen-fri CC BY-SA 4.0）

日本最初の鉄道は、［新橋］～［横浜］駅を結ぶ路線だが、1872（明治5）年、ほかよりも工事が順調に進んでいた［品川］～［横浜］駅間が6月12日（旧暦5月7日）に仮開業し、10月14日（旧暦9月12日）に［新橋］～［横浜］駅が本開業した。

この初代［横浜］駅は当初、現在の［桜木町］駅の位置にあった。これは、1859（安政6）年、明治維新を目前に横浜港が開港したことがあり、港に近いほうがよいという判断も影響したと考えられる。

1887（明治20）年に、初代［横浜］駅から［国府津］駅の区間が開通した。東京方面から［国府津］駅へ直通する列車は、初代［横浜］駅に停車後、逆の方向に反転（スイッチバック）して［国府津］方面へと向かっていた。

その後、スイッチバックの不便を解消するために、初代［横浜］駅を通らない短絡線ができ、1901（明治34）年には短絡線に［平沼］駅（現在は廃止）が置かれた。［平沼］駅は、現在の［横浜］駅にほど近い位置である。

1915（大正4）年、2代目［横浜］駅が開業した。場所は現在の横浜市営地下鉄［高島町］駅付近だった。レンガ造りで、現在も遺構が残っている。

これに伴い、初代［横浜］駅は［桜木町］駅と改称され、［平沼］駅は廃止された。

現在の［横浜］駅は3代目で、1928（昭和3）年に移転したものだ。（21ページを参照）

JK 11 桜木町《さくらぎちょう》

横浜みなとみらいの玄関口

鉄道発祥の地として見どころが多い

［桜木町］駅は横浜市中区桜木町にあり、JRの路線では京浜東北線や根岸線などの電車

開業当時の旧［横浜］駅（現在の［桜木町］駅）。三角屋根のデザインが現在の駅舎にも採用されている

が発着する。

なお、横浜市営地下鉄のブルーラインに乗り継ぎができる。

前項のとおり、1872（明治5）年、「横浜」駅として開業したのが駅としての始まりで、1915（大正4）年8月15日、「桜木町」駅に改称した。2004（平成16）年までは、東京急行電鉄東横線の終着駅でもあったが、横浜高速鉄道みなとみらい線への直通運転を開始したために廃止となった。2014（同26）年には、駅ビル「CIAL桜木町」が開業し、「桜木町駅西口広場」も整備された。

駅の構造は、島式ホーム2面3線を有する高架駅で、高架下に駅舎がある。各ホームから地上階に下りると南北に改札があり、改札を抜けると、それぞれ東口、西口に出られる。

南改札の西側には、観光案内所がある。横浜市営地下鉄に乗り換えるには、南改札から西口に向かうが、その途中には、高さ5メートルほどの「鉄道発祥記念碑」があり、当時の鉄道列車出発時刻や賃金表、乗車心得などが刻まれていて興味深い。

1日当たりの平均乗車人員は7万0679人で微増傾向にある。

1998（平成10）年には、「明治5年に開業した鉄道発祥の地の駅で、現在は〈みなとみらい21〉都市の玄関口となっている駅」として「関東の駅百選」に選ばれた。

南改札を出るとコンコースには、鉄道発祥の地として、鉄道の歴史などを学べる展示ギャラリーが設置されていて、貴重な当時の写真やグッズなどを多数見ることができる。

JK 10 関内《かんない》

横浜大さん橋に近い歴史ある駅

「ベイスターズ・ステーション化」進行中

横浜市中区中町港町にある。1964（昭和39）年5月19日、根岸線の、「磯子」～「桜木町」駅間の開通に合わせて開業した。その後、1976（同51）年には、横浜市営地下鉄の「伊勢佐木長者町」～「横浜」間の開通に合わせて、地下鉄の「関内」駅も開業した。

JR「関内」駅の構造は、相対式ホーム2面2線を有する高架駅で、南北2カ所に高架下駅舎を持ち、それぞれ南口、北口に出る。横浜市営地下鉄の「関内」駅とは、北口から地下通路でつながっている。横浜市営地下鉄は、藤沢市の「湘南台」駅と横浜市青葉区の「あざみ野」駅をつなぐブルーライン（1・3号線）が発着している。

「横浜DeNAベイスターズ」の本拠地「横浜スタジアム」の最寄り駅で、横浜DeNAベイスターズファンの利用が多いこともあり、プロ野球シーズンは、発車メロディとして、同球団の応援歌「熱き星たちよ」が使用されている。

横浜スタジアムや元町・横浜中華街方面なら南口、みなとみらいの桜木町方面へは北口が便利である。南口には、横浜DeNAベイスターズのブルーのヘルメットを型モニュメントが設置されている。こうした取り組みは、JR東日本と球団が協力して行なっている。「関内」駅を「ベイスターズ・ステーション化」して「本拠地の入り口にふさわしい駅」にすることを目指した取り組みである。

JR「関内」駅の1日当たりの平均乗車人員は5万5866人、また、横浜市営地下鉄ブルーラインの「関内」駅の1日当たりの平均乗降車人員は2万3528人（2018年5

月）である。南口から横浜スタジアムに向かう途中、左手には「横浜市役所」の庁舎が見えるが、これは横浜開港100年を記念して建築家の村野藤吾によって設計された建物である。ただし、2020年に庁舎の移転が決まっている。その後は東京五輪の野球・ソフトボールの会場として横浜スタジアムが使われることから、メディアセンターとして活用される方針だという。

また、駅を挟んで庁舎の反対側に建っていた「教育文化センター」の跡地には、関東学院大学が2022年の4月に新キャンパスを開設予定で、歴史ある町に新しい風が吹き始めている。

JK 09

石川町《いしかわちょう》

横浜の人気エリア、元町と中華街にアクセスする駅

外国人居留地として街が発展

横浜市中区石川町にある駅で、1964（昭和39）年5月19日、根岸線の「磯子」～「桜

木町」駅間の開通に合わせて開業した。

駅の構造は、横浜市内を流れる中村川を跨ぐ形で設置された高架駅で、相対式ホーム2面2線を有する。改札口は中村川を挟んで南北に2カ所。

横浜市有数の人気エリア、元町と横浜中華街にアクセスするにはこの駅、元町なら南口、中華街なら北口が便利である。北口を出るとすぐに「横浜中華街西陽門」が目に入る。

長年、横浜中華街の最寄り駅として機能していたが、2004（平成16）年に横浜高速鉄道みなとみらい線の「元町・中華街」駅が開業したこともあり、利用客が減少傾向にある。こうした経緯も踏まえて、JR「石川町」駅では、2016（同28）年からは、「元町・中華街」という副駅名を使用するようになった。

JR「石川町」駅の1日当たりの平均乗車人員は3万2899人。一方、みなとみらい線の「元町・中華街」駅の1日当たりの平均降車人員は6万2658人である。「石川町」駅と「元町・中華街」駅は、徒歩で10分程度離れているので、乗り換え駅とはなっていない。駅前には広場のようなスペースはないが、南口、北口それぞれにタクシー乗り場が設けられている。

「石川町」駅の南側には丘が迫る。根岸線は当駅を出発するとすぐにトンネルに入り、この丘をくぐりぬけるが、この丘が「山手地区」にあたる。山手地区は幕末の横浜開港後、外国人居留地とされた地域で、現在では当時の面影を残す緑豊かな住宅・文教地区となっている。ホームからは、緑に囲まれた美しい洋館の「外交官の家」を見ることができる。

横浜中華街も外国人居留地から発展した。明治時代に「関帝廟《びょう》」などが設置され、それを中心に町が広がっていったという歴史を持つ。関帝廟は、小説『三国志演義』でも有名な関羽《かんう》を祀る祠から始まった。関羽は、信義や義侠心に厚い武将として名高く、現在では商売の神として世界中の中華街で祀られている。横浜中華街にある関帝廟までは、「石川町」駅の中華街口（北口）から徒歩で8分程度だ。本場中国の味を楽しめ、異国情緒を満喫できるとあって、大勢の観光客で賑わっている。

JK 08 山手《やまて》

閑静な住宅街が広がるエリア

ユーミンの歌詞にも出てくるが……

「山手」駅は、横浜市中区大和町に位置する。前項で記したとおり、本来「山手地区」と称されるエリアは、［山手］駅よりも［石川町］駅に近い。

1964（昭和39）年5月19日、根岸線の、［磯子］～［桜木町］駅間の開通に合わせて開業した。

駅の構造は、相対式ホーム2面2線を有する高架駅で、高架下にある駅舎は、2013（平成25）年に新しくなった。

出入口は駅の東西両側にあるが、メインは西側である。メインとはいえ、ほかの根岸線の駅に比べると、住宅街のなかに、唐突に［山手］駅が現れたような印象で、駅前広場もスペースは広くない。ただし、駅前の歩行者空間の確保、駐輪場の移設・増設、車やタクシーが転回しやすくすることなどを目的に、横浜市が、2016（平成28）年に拡幅整備を実施したおかげで、快適な空間となっている。

駅前広場にバスロータリーはないが、横浜市交通局のバスの乗り場があり、「港の見える丘公園」、元町、本牧方面などへとアクセスできる。1日当たりの平均乗車人員は1万7457人。

駅の周辺は、落ち着いた閑静な住宅街であると同時に、学校施設が点在するエリアである。神奈川県内有数の進学校の一つ、聖光学院中学校・高等学校や、横浜国立大学附属の横浜小学校、神奈川県立の横浜緑ケ丘高等学校などがある。遠方から通学している学生も多く、当駅では通学時間帯に、元気な子どもたちの姿を見かけることができる。

1974（昭和49）年に荒井由実（現・松任谷由美）がリリースしたアルバム曲の一つ「海を見ていた午後」には、「山手の〈ドルフィン〉」というレストランが歌詞として歌われている。「ソーダ水の中を貨物船が通る……」と印象的な描写がされていることもあり、この店はいまでもユーミンのファンにとっては「聖地」となっているそうだ。40年以上が経ち、眺めはずいぶん異なるはずだが、かろうじて窓越しに海を眺めることができる。

ただし、レストランの「ドルフィン」は、「山手」駅よりも「根岸」駅寄りにあるのでご注意を。

JK 07

根岸《ねぎし》

貨物列車をたくさん見られる駅

三渓園など公園も点在

「根岸」駅は、横浜市磯子区東町にある。「根岸」という路線名は、東町の旧地名である中根岸町からとったもの。

1964（昭和39）年5月19日、根岸線の、［磯子］〜［桜木町］駅間が開通するにあたって開業したが、根岸線という名にもかかわらず、［根岸］駅は当初から始点・終点ではなく、現在も始発・終着とする運行はない。

駅の構造は、島式ホーム1面2線を有する地上駅。ホームと改札は跨線橋でつながっていて、線路の北側にある駅舎に出る。駅への出入り口は一つで、駅前にはバスロータリーやタクシー乗り場がある。

［根岸］駅は、旅客だけでなく貨物の駅としての機能を持ち、JR貨物と神奈川臨海鉄道も発着している。根岸線の南側には貨物専用の路線やホームがある。そのさらに南の海側には、「JXTGエネルギー」の根岸製油所が広がり、専用線も敷設されている。ホームの先にずらりと留置されているタンク車を眺めながら電車待ちをするのも、［根岸］駅らしい1コマだ。

一方、タクシー乗り場やバスのロータリーがある北側は、のどかな雰囲気が漂う住宅地である。

1日当たりの平均乗車人員は2万1774人。

2016（平成28）年の国土交通省の答申では、2030年を目標年次として、横浜市営地下鉄グリーンラインの延伸が挙げられていて、将来的には、「中山」～「根岸」～「元町・中華街」駅の開通が期待されている。

また、駅周辺には、家族連れに人気のスポットも点在する。17・5ヘクタールもの敷地に国の重要文化財建造物がいくつも建ち並ぶ「三溪園」や、緑豊かで桜や梅など季節の花を愛でることができる「根岸森林公園」は、何度となく足を運びたい場所だ。根岸森林公園は、日本初の洋式競馬場とされる「旧根岸競馬場」の跡地で、敷地内には「馬の博物館」もあり、横浜競馬や競馬競争のことなどを学ぶことができる。

JK 06 磯子《いそご》

駅からは旧宮邸が建つ磯子の丘が見える

磯子区の中心でバス路線も充実

横浜市磯子区森にある駅で、「横浜市磯子区役所」などの公共施設が駅周辺に点在し、磯子区の中心的な場所となっている。

1964（昭和39）年5月19日、根岸線が、終着駅だった「桜木町」駅から「磯子」駅まで延伸し開通するにあたって開業。1970（同45）年に「洋光台」駅まで延伸するまでは、終着駅として機能していた。現在も、京浜東北線に直通する根岸線のおよそ半分は、当駅が始発・終着である。

1日当たりの平均乗車人員は2万260人。

駅の構造は、島式ホーム1面2線を有する地上駅で、ホームの西側に橋上駅舎がある。改札を出ると東西に出口があるが、メインは西口で、バスターミナルやタクシー乗り場があり、周辺にはスーパーや飲食店が点在し、マンションが建ち並ぶ住宅地である。

一方、東側は工場エリア。ちなみに、そのうちの一つに「日清オイリオグループ」の事業場があり、2番線のホームに立っていると企業のロゴが目に入る。かつて当駅には貨物線が走っており、旧「日清サラダ油横浜磯子事業場」へ続く専用線もあった。

「磯子」駅の西側には丘があり、丘の上には「磯子プリンスホテル」がそびえ、街のランドマークとなっていた。しかし、2006（平成18）年に営業を終了し、現在はマンションが建っている。

もともと、この丘には東伏見邦英伯爵の別邸として貴賓館があった。旧宮邸は横浜市認定の歴史的建造物で、現在はリフォームを経て日本料理店「中村孝明貴賓館」が営業している。

この旧宮邸は三島由紀夫の『春の雪』で描写されている洋館のモデルと考えられている。


［磯子］駅からは徒歩15分程度で、桜の季節はとくに美しい。さらに磯子の丘から徒歩15分程度歩くと、23ヘクタールもの敷地を誇る「久良岐公園」があり、横浜市電1156号が保存されている。2012（同24）年に修復され、毎月1回、車内が一般公開されている。

JK05 新杉田《しんすぎた》

金沢シーサイドラインの起点でもある駅

横浜市の南東・南西部へ向かう交通結節点

［新杉田］駅は、横浜市磯子区新杉田町に位置する。

［根岸］駅から［新杉田］駅にかけては、駅の東側は臨海工業地帯で、頭上には首都高速が走る光景が続くが、大船方面へと向かう場合、当駅から先は進行方向を変えて内陸に進

む。ＪＲの根岸線、横浜シーサイドラインが運営する金沢シーサイドラインが発着していて、当駅は金沢シーサイドラインの起点となっている。

［新杉田］駅は、１９７０（昭和45）年3月17日、根岸線が、［洋光台］～［磯子］駅で延伸する際に開業した。そして１９８９（平成元）年には、横浜新都市交通（現・横浜シーサイドライン）の金沢シーサイドラインが、［金沢八景］～［新杉田］駅まで開通し、乗り換えられるようになった。

ＪＲ［新杉田］駅の構造は、相対式ホーム2面2線を有する高架駅で、改札と直結する駅ビル「Ｂｅａｎｓ新杉田」がある。シーサイドラインの［新杉田］駅は、ＪＲ駅の南東側にあり、「Ｂｅａｎｓ新杉田」の2階の通路を抜けて乗り換えができる。

一方、西口の駅前には大型複合施設「Ｌａ ｖｉｓｔａ新杉田」があり、ＪＲの［新杉田］駅とは屋根が付いた歩道橋でつながっている。

ＪＲ［新杉田］駅の西側にはバスターミナルやタクシー乗り場がある。

ＪＲ［新杉田］駅の1日の平均乗車人員は3万８３２０人で、金沢シーサイドラインの［新杉田］駅の1日の平均乗降人員は3万４０４３人となっている。

また、西口を出て徒歩10分ほどの距離に、京浜急行電鉄・京急本線の［杉田］駅があり、京急本線に乗り継げば、一気に三浦半島の先まで移動できる。［新杉田］駅と［杉田］駅は、それぞれ定期券で連絡運輸をしている。

臨海エリアは、京浜工業地帯の無機的なイメージだが、当駅の近くには「新杉田公園」や「杉田臨海緑地」があり、野球やテニスなどスポーツを楽しんだり、緑豊かな自然や海岸を眺めたりと、リラックスして楽しめるスポットもある。

JK 04 洋光台《ようこうだい》

駅の誕生に合わせて開発されたニュータウン

生まれ変わりつつある団地の街

［洋光台］駅は、横浜市磯子区洋光台にある。

1970（昭和45）年3月17日、根岸線が、［洋光台］～［磯子］駅間を延伸する際に開業した。周辺は、新駅の誕生に合わせて大々的に開発されたニュータウンである。3年後に［大船］駅まで延伸するまでは、根岸線の終着駅であった。駅の構造は、島式ホーム1面2線を有する地上駅。

駅の出入り口は東西に2カ所あるが、西側がメインで、駅前にはバスターミナルやタクシー乗り場がある。

1日当たりの平均乗車人員は2万465人。

駅の周辺は、昭和を感じさせる団地やUR賃貸都市再生機構の団地が建ち並び、「オリンピック」、「ピーコック」、「東急ストア」といったスーパーも多い。

また近隣には、「洋光台駅前公園」、「洋光台西公園」など、家族連れで楽しめるスポットも点在する。洋光台駅前公園の敷地内には、宇宙についてわかりやすく知ることができる体験型ミュージアム「はまぎんこども宇宙科学館」があり、子どもたちが楽しく学べる場となっている。

団地が建ち並ぶ街並みは壮観だが、どこか懐かしさを感じさせる。こうした高度経済成長期の雰囲気をいまなお残す団地群を眺めながら歩くだけでも、十分に楽しい。

こうした洋光台の独特の景観は、映画やドラマのロケ地としても評価されていて、近年では映画「シン・ゴジラ」の撮影が行なわれ、住民もエキストラとして参加するなど、地域活性化にも役立っている。

その一方で、団地の老朽化、住民の高齢化を危惧して、新しい街づくりのプロジェクトが並行して行なわれている。建築家の隈研吾氏、クリエイティブディレクターの佐藤可士和氏をはじめ、そうそうたるメンバーがアドバイザーとして参加する「ルネッサンスｉｎ洋光台」が２０１１（平成23）年にスタートした。

２０１５（同27）年からは「団地の未来プロジェクト」と称して、外壁や広場の改修などが進行中だ。

JK 03

港南台《こうなんだい》

駅周辺は開けていて生活に便利

少し足を延ばせば豊かな自然に出会える

［港南台］駅は横浜市港南区港南台にあり、港南区では唯一のＪＲ駅である。

一帯は、昭和20年代まではのどかな田園地帯だったが、昭和30年代に入り大規模な宅地開発が計画された。そして１９７３（昭和48）年4月9日には、根岸線が、［大船］～［洋光台］駅間を延伸、この全線開通に合わせて開業した。

駅の構造は、島式ホーム１面２線を有する橋上駅。１日当たりの平均乗車人員は３万２

横浜市の最高峰である大丸山から望む東京湾

157人である。

駅前には、2007(平成19)年にできた駅ビル「プチール港南台」のほか、「タカシマヤ」、「ダイエー」など商業施設が建ち並ぶ。また、元気な商店街をそぞろ歩くのも楽しく、「横浜港南台商店会」では地域を盛り上げるイベントなども開催している。

北口から徒歩3分のところに「港南台タウンカフェ」というスペースがあり、不定期にイベントを開催したり、地域情報を収集できる場所となっている。

駅を起点に、「本郷台」駅方面に延びる遊歩道「彫刻通り」を散策するのもいい。通り沿いには、「桜木町・横浜美術館」で開催された「横浜彫刻展」で入賞した作品が8点並んで展示されていて、気軽に街角アートを楽しめる。

また、時間と体力に余裕があれば、駅の南、駅から5キロほど離れた横浜市最高峰（とはいえ標高は156・8メートル）の大丸山に登り、八景島や房総半島を見渡すのも気持ちがいい。

駅に近い場所には「瀬上市民の森」がある。深い緑や湧き水がある里山で、昔ながらの田園風景にも出会える。この界隈は野鳥や昆虫もたくさん見られ、存分に自然を満喫でき、空気も美味しい。森の中にある瀬上池の湧き水は、いたち川の源流の一つ。また、瀬上市民の森の北西にはホタル生息地があり、夏場はホタル鑑賞に訪れる人も多い。

JK 02 本郷台《ほんごうだい》

栄区の中心地で唯一の鉄道駅

古墳時代に横穴墓がたくさんつくられた

［本郷台］駅は、横浜市栄区小菅ケ谷にあり、栄区では唯一の鉄道駅である。また、横浜

市内の駅としては、もっとも鎌倉市に近く、JRの駅のなかでは最も南に位置する。古くは鎌倉郡小菅ケ谷村だった地域である。

［本郷台］駅は、1973（昭和48）年4月9日、根岸線が、［大船］～［洋光台］駅間を延伸、この全線開通に合わせて開業した。駅の構造は、島式ホーム1面2線を持つ地上駅で、1番線の南側には貨物用着発線3本と電留線3本があり、夜間から早朝にかけては、着発線と電留線に、車両が留置されているのを見ることができる。

1日当たりの平均乗車人員は1万8782人。

南側にある駅前広場には、バス、タクシー、乗用車の乗降レーンが整備され、その隣には「本郷台駅前公園」があり、時折イベントが催されている。

駅周辺は市営住宅やUR団地が立ち並ぶ住宅街であると同時に、栄区の中心地でもあり、「横浜市栄区役所本館」「神奈川県立地球市民かながわプラザ」「神奈川県立言語文化アカデミア」など公共施設も点在する。

住宅エリアだが、駅界隈には公園も多数ある。なかでも代表的なのが駅の南東にある「本郷ふじやま公園」で、駅からは車で10分程度。8・7ヘクタールほどの敷地は、自然の里山を生かしつつ、梅林、竹林、杉林が手入れされていて、古民家ゾーン、弓道場などもある。天気がよい日であれば、富士山もよく見える。

また、栄区には古墳時代につくられた横穴墓群が多く、駅周辺にも100墓以上あったと考えられている。ただし、根岸線の敷設に伴って、多くは失われてしまい、現在はわずかに残るのみ。残存部分は「七石山横穴墓群」として横浜市登録地域文化財として保護されている。

横穴墓からは、人骨のほか、須恵器、土師器、武器、玉類などが出土している。駅から徒歩で8分ほどのところに史跡の案内板がある。

OFN

JK 01

大船《おおふな》

神奈川県内有数のターミナル駅

根岸線の終点、横須賀線の起点となる駅

1888(明治21)年11月1日、東海道線の[横浜]~[国府津]駅の延伸開業の翌年に[大船]駅が開業した。

現在は、JRの路線では京浜東北線、東海道線、横須賀線、湘南新宿ラインなどが発着

している。［大船］駅は横須賀線の起点、根岸線の終点にあたる。

［大船］駅は、鎌倉市大船にある駅だが、鎌倉市と横浜市の境界上に位置し、駅舎の地下を流れる砂押川が市境となる。駅長室が鎌倉市側に建つので鎌倉市の駅とみなされており、JRの運賃計算で便宜的に使われている表記の「横浜市内」には含まれない。

駅の構造は、島式ホーム5面10線を有する地上駅。駅の［藤沢］駅寄りと［戸塚］駅寄りにそれぞれ橋上駅舎が設置されていて、改札内の通路で結ばれている。改札は、鎌倉市側の南改札、横浜市側の北改札の二つがあり、南改札を出ると、東口、西口を利用でき、北改札を出ると、笠間口を利用することになる。

2016（平成28）年、改札内に「アトレ大船」がオープンした。乗り換えるだけに利用するのではなく、構内をぶらぶら歩きたくなるような南北連絡通路「センターアベニュー」や、充実した食料品ゾーン「フードスクエア」などがあり、ついでに立ち寄る鉄道利用客も多い。

構内には駅弁店「大船軒」もあり、名物の「鯵の押し寿司」や「大船軒サンドウィッチ」などを販売している。日本で最初にサンドウィッチの駅弁を出したのが、この大船軒なのである。

鎌倉市側の西口、東口は再開発事業を進めており（大船駅北第二地区再開発）、201

湘南モノレールの車両。鎌倉市街を通らずに大船と藤沢市を結ぶ（Nagara373~jawiki CC BY-SA 3.0）

1（同23）年には、ひと足先に、西口に歩行者デッキが完成した。2020年中の工事完了を目指している。また、南改札を出ると駅ビル「ルミネ ウイング」があり、多くの人で賑わっている。

JR［大船］駅の1日の平均乗車人員は9万8695人であり、神奈川県内では［藤沢］駅についで、第6位の数字である。

湘南モノレールの起点でもある

［大船］駅には、湘南モノレールの江の島線も発着していて、JR［大船］駅～駅ビル「ルミネ ウイング」～湘南モノレールの［大船］駅が、通路でつながっ

ている。江の島線は［大船］駅から［湘南江の島］駅までを結ぶ路線で、1日の平均乗車人員は1万4057人（2016年度）で、湘南モノレールの全駅のなかで一番多い。起伏に富んだコースを最高時速75キロで走り抜けることから、近年はテーマパークのアトラクションのようだということで評判になっている。

［大船］駅のホームから望む小高い丘の上に姿を現す巨大な「大船観音像」は、高さ約25メートルあり、大船のシンボル的存在となっている。［大船］駅70周年記念として造られた駅スタンプでも、大船観音がデザインされている。昼間に見る白衣姿も美しいが、ライトアップされた夜間の大船観音像もまた一興である。大船観音のある「大船観音寺」までは、西口から徒歩5分程度。

◎参考文献

『日本国有鉄道百年史』（各巻／日本国有鉄道）、『日本鉄道史』（上中下篇／鉄道大臣官房文書課編／鉄道省）、『省線電車史綱要』（東京鉄道局編／東京鉄道局）、『最新電動客車明細表及型式図集』（電気協会関東支部編／電気協会関東支部）、『国鉄全線各駅停車④　関東510駅』（相賀徹夫著／小学館）、『この駅名に問題あり』（楠原佑介著／草思社）、『鉄道技術用語辞典』（鉄道技術総合研究所編／丸善）、『鉄道要覧』（平成28年度／国土交通省鉄道局監修／電気車研究会）、『日本鉄道史年表（国鉄・JR）』（三宅俊彦著／グランプリ出版）、『日本鉄道旅行地図帳』（今尾恵介監修／新潮社）、『日本鉄道旅行歴史地図帳』（今尾恵介・原武史監修／新潮社）、『日本の鉄道120年の話』（沢和哉著・築地書館）、『日本の鉄道ことはじめ』（沢和哉著／築地書館）、『日本の鉄道こぼれ話』（沢和哉著／築地書館）ほか。

以上のほか、官公庁、関係各社等のWebサイト、新聞各紙の縮刷版などを参考にさせていただきました。

■編著者

松本典久 Norihisa Matsumoto

1955年、東京都生まれ。東海大学卒業。出版社勤務を経て、1982年からフリーランスの鉄道ジャーナリストとして活躍。鉄道や旅などを主なテーマとして執筆し、鉄道専門誌「鉄道ファン」などに寄稿するとともに、鉄道や鉄道模型に関する書籍、ムックの執筆や編著などを行なっている。著書や編著書、監修書は数多く、代表的な近著に『時刻表が刻んだあの瞬間――JR30年の軌跡』(JTBパブリッシング)、『JR東海道線・横須賀線沿線の不思議と謎』(小社)、『東京の鉄道名所さんぽ100』(成美堂出版)、『Nゲージ鉄道模型レイアウトの教科書』(大泉書店)などがある。

カバーデザイン・イラスト：杉本欣右
本文デザイン・DTP：島崎幸枝
編集協力：風土文化社、神田綾子
写真：松本典久、毎日フォトバック、PIXTA、編集部
企画・進行：磯部祥行（実業之日本社）
※本書は書下ろしオリジナルです。

JIPPI Compact

じっぴコンパクト新書　348

JR京浜東北線《けいひんとうほくせん》
沿線《えんせん》の不思議《ふしぎ》と謎《なぞ》

2018年9月11日　初版第1刷発行

編著者……………松本典久
発行者……………岩野裕一
発行所……………株式会社実業之日本社
〒153-0044 東京都目黒区大橋1-5-1 クロスエアタワー8階
電話(編集)03-6809-0452
(販売)03-6809-0495
http://www.j-n.co.jp/
印刷・製本…………大日本印刷株式会社

ISBN 978-4-408-33780-7（第一趣味）